PHP
Business Shinsho

一秒で捨てろ!

人生がときめく「逆転の整理術」

Makoto Naruke
成毛 眞

PHPビジネス新書

はじめに　あなたが大切にしているものは、〝ゴミ〟

足の踏み場などとうになく、天井《てんじょう》まで高く高く積み上げられたゴミの山。

そこまでため込んでもまだ足りない、と言わんばかりに、家の主は、際限なくゴミを増やしていく……。

そんな〝ゴミ屋敷〟は、全国各地で問題視されている。「自分の家の近くにもある」という人はいるだろうし、テレビやウェブなどのニュースで見た人もいるだろう。

このようなゴミ屋敷の主を見て、あなたはどう思っているだろうか。

「なぜこんなに片付けられないのか、常軌を逸している」

「ちょっと変わった人なんじゃないか？」

「人様に迷惑をかけていることをわかっているのか？」

などと、ネガティブな感情を抱く人も少なからずいるかと思う。

しかし、そんな人に対して、私はこう言いたい。

「あなただって、ゴミ屋敷の主と変わらず、不要なものをため込んでいる。とやかく言う筋合いはないいんじゃないの？」と。

「なんだって？　うちはキレイに片付いている。一緒にするな」と憤《いきどお》るかもしれない。

少し前からの「断捨離」ブーム、「こんまり（近藤麻理恵さん）」ブームに乗って、自宅の不用品をすっきり片付けたという人もいるだろう。

だが、私が言う「不要なもの」とは、形のあるものだけを指しているわけではない。

むしろ無形のもののことだ。

たとえば、以下のようなものである。

●仕事をしている気になれるだけで、成果に直結していないムダな仕事

●断ち切りたくてもなかなか断ち切れない人間関係のしがらみ
●常識だと思い込んでいるが、じつはそうではない固定観念
●朝から晩までせっせと集めているわりに、1ミリも役に立っていない情報
●ヒマさえあれば投稿しているが、「いいね」がまったくつかないSNS
……などなど。

いかがだろう。あなたは、こうした「不要なもの」をため込んでいない、と断言できるだろうか。

ムダな仕事をするのも、何の得にもならない人間関係を続けるのも、固定観念にしばられ続けるのも、無為に情報を集め続けるのも、どうでもいいSNSの投稿を続けるのも、別に自由じゃないかと言われれば、それまでだ。好きでやっているなら、私も止めはしない。

だが、そうした「不要なもの」によって、人生の貴重な時間をムダにしたり、足を

引っ張られたりすることは、少なくない。また、場合によっては、人様に迷惑をかけることもある。

しかも厄介なことに、それらを〝大事なもの〟と勝手に思い込んでいるフシがある。断言しよう。それは〝ゴミ〟だ。

これから何十年と人生があると考えたら、一度ぐらいは立ち止まって、検証したほうがいいのではないか、というのが、私の主張だ。

本書では、私が考える、広義の「不要なものや習慣」について、さまざまな角度から指摘していきたいと思う。

有形・無形にかかわらず、モノを捨てる・手放すということは、誰だってためらうこと。それは仕方のないことだが、そうしたムダなものをスパッと捨てると、人生がガラッと変わる。時間にしてわずか「一秒」程度である。その感覚がわかれば、捨てる・手放す意欲がみなぎってくるのではないか。

そんな「一秒で捨てる勇気」を読者の皆さんにいくらかでも与えられれば、筆を執った甲斐があるというものだ。

「捨てる・捨てない」の基準は、100％私の主観に過ぎないので、「それは違う」と反論したくなる人もいるだろうが、合わないと思ったら、それこそ、読んでいる時間のムダだから、即座にこの本を捨てたほうがいい。

しかし、「また極端なこと言っているな〜」などと思いながら、面白おかしく読んでもらえれば、少しはスッキリした気持ちで楽しい人生を送るための参考になるのではないかと思う。

2019年8月

成毛　眞

目次●一秒で捨てろ！——人生がときめく「逆転の整理術」

はじめに　あなたが大切にしているものは、〝ゴミ〟……3

第1章　「捨てる力」がないと、生き残れない！
——令和型「ビジネスマインド」のすすめ

その私物、いつのもの？……16
たった10年で次々に登場する新しいモノ、サービス……17
「ドッグイヤー」は死語……19
新しいものを使いまくらないと、トレンドはつかめない……21
スマホやアプリは、どんどん入れ替えろ……22
時代は高級志向へ……24
QRコード決済は「使えないサービス」……26
新しいものを取り入れるには、捨てるしかない……29
自分の得意分野に絞って、リソースを集中させる……32
イノベーションは「捨てること」から生まれる……35
なぜ、知らぬ間にものがたまってしまうのか？……38
「ビジネス版こんまり」を目指せ！……39

第2章 「ムダな仕事」を手放せ！――昭和的労働の「リセット法」

AIやRPA以前にやることがある …… 44
メールを使えない証券会社 …… 45
一個人でも会社のムダは省ける …… 47
「常識」を取り外して、要らない仕事を見つけろ …… 48
エライ人が出席しなければ、会議はなくなる …… 50
会議室よりビアガーデンのほうがよっぽど有意義 …… 52
電話をかけてくる人は、仕事がデキない証拠 …… 53
メールやLINEも必要ない …… 55
足で稼ぐ営業は時代おくれ …… 57
「お客様を捨てる」営業手法 …… 60
仕組みさえつくれば仕事は効率化できる …… 61
「名刺」には本当に必要な情報だけ書けばいい …… 63
フリーアドレスでは、フリーな発想は生まれない …… 65
好きなものに囲まれて仕事をしよう …… 67
研修やセミナーは天才をダメにする …… 69
前任者のやり方をすべて捨てろ …… 71

第3章 「バカ」から離れろ！——超戦略的「人付き合い術」

転職したら、それまでの付き合いをバッサリ捨てる …… 76
面白い話をできる人とだけ会う …… 77
知り合いや友人は日々変化していくもの …… 78
SNSで誕生日メッセージを送る人は「即ブロック」 …… 80
タイムラインが荒れないように整備する …… 84
フェイスブックの友達数を自慢するな …… 86
いまだに年賀状を出すバカ …… 87
打算でつながるより、仕事で爪痕を残せ …… 89
SNSで最重要なのは、プロフィール写真 …… 91
飲みニケーションなんて要らない …… 92
部下の結婚式や披露宴には行くな …… 94
葬式だけは顔を出せ …… 96
お金と時間をドブに捨てない接待の極意 …… 97
バカが伝染《うつ》る場所には近づくな …… 101
お金の貸し借りはするな …… 104
若い世代の流行を試すだけで、同世代と圧倒的に差がつく …… 106

会社の常識は「世間の常識」ではない 108
プライドを捨て、ライバル会社とタッグを組め 110

第4章 「大切なモノ」を手放し、大きなリターンを得よ！ ――老後も安心「捨てる錬金術」

モノに「聖域」を設けない 114
広いだけの家は「宝の持ち腐れ」 115
意外に不便なバス移動 117
家が売れなくなる 118
若者はこれから家を買うべきか 121
自動車を捨てて、電動バイクを買え 122
家族がいる人は、「カーシェア」を活用 123
軽自動車は意外に安全 124
通勤は自転車で十分 125
過剰な保険に注意 127
家族がいても、生命保険や医療保険は不要 128
資産を運用すれば、年金に頼らず生きていける 130

まずは「i-DeCo」や「NISA」から 132
株のインデックスファンド以外、全部捨てろ 133
投資するなら、大手証券会社からしか買ってはいけない 135
時計を買えば、勝ち組になれる 137

第5章 「こだわり」を捨て、人生後半を謳歌せよ！——ムリせず楽チン「シンプルライフ」

「服選びをやめれば、クリエイティブになれる」は本当か 142
外出時もシンプルに 144
食事は「定番」を決める 145
「定番」を決めれば、時間の節約になる 147
ドレスはレンタル、礼服は使い捨てで十分 148
背表紙がイケてる本だけ残す 150
調味料であふれかえった日本人の冷蔵庫 152
手作り料理信仰を捨てよ 154
ホームパーティーは「一点豪華主義」でOK 156
面倒な掃除は家事代行に任せる 157

浮いた時間に副業や余暇を楽しむ 159
こだわりを捨てるか、妻に捨てられるか 160
バカにできない「コンビニ飯」とお取り寄せグルメ 161
オモチャは次々買い与えて、どんどん捨てる 163
大人もハマる知育玩具の魅力 166
子供に必要なのは、「体験を捨てる」こと 169
お墓は要らない 171
デジタル遺品は家族限定のクラウド化に 173
洋服は1年経ったら旅行先で捨てる 174
物を捨てるときは、人を呼べ 176

第6章 「情報」は極限まで絞れ！
――周囲と差がつく驚異の「アウトプット法」

膨大なインプットを捨て、アウトプットにシフトせよ 180
日々のアウトプットが千載一遇のチャンスを呼び込む 182
「大衆が発信するネタ」は絶対に取り上げるな 184
フェイスブックは毎日更新しなくてもいい 186

読まれる文章は「最初の1行」で決まる 188
「テレビはオワコン」と言うヤツこそ終わっている 190
BS各局の名物番組は「記録映像の宝庫」 192
定年を迎えたら高田純次を見習え 196
録画した番組を1・3倍速で見る 197
興味のある分野なら無限にインプットできる 198
ベストセラーは読まない 200
スポーツは「音」を楽しむ 202
つまらないSNSは全部ミュート 204
自分に合った時間にアウトプットする 206
「真似ごと」をやめてクリエイティビティを発揮しろ 209

おわりに 212

第1章

「捨てる力」がないと、生き残れない！

——令和型「ビジネスマインド」のすすめ

その私物、いつのもの？

まずは、次の質問に答えてみてほしい。

●2～3世代前のスマートフォン
●5年以上前に買ったパソコン
●消費税5％時代（1997年4月～2014年3月）に買った液晶テレビ
●これまた消費税5％時代に買ったハードディスクドライブ（HDD）プレーヤー
●かれこれ10年以上乗り続けているマイカー

読者の皆さんが持っている私物のなかで、当てはまるものは、いくつあるだろうか。

1つや2つならともかく、4つも5つも該当するとしたら――。

正直言って、かなりヤバイ。〝終わっている〟と自覚したほうがいい。

「終わっているなんて失礼だ。私は物を大事にしたいだけだ」と言うなら、別にムリして捨てる必要はない。あなたの自由である。

ただし、この先、ビジネスの世界で生き残っていきたいならば、悪いことは言わない。古いものを捨てて、新しいものをどんどん使うべきだ。

なぜか。それは、古いものを積極的に捨てる意識をもたないと、世の中の変化についていけなくなるからだ。いや、あなたが気づいていないだけで、すでに変化についていけなくなっているかもしれない。

たった10年で次々に登場する新しいモノ、サービス

10年前と現在を比べると、私たちの生活はじつに様変わりしている。便利な商品やサービスが次々と登場したり、進化したりして、すでに生活に浸透しているからだ。

たとえば、ガジェットで言えば、「アマゾンエコー」や「グーグルホーム」などの

スマートスピーカーは、2014年頃に相次いで誕生し、リビングの「顔」になりつつある。

2015年にお目見えした「アップルウォッチ」などのスマートウォッチをつけている人も、日常的に見かけるようになった。ドローンも普通にホームセンターで売られていて、持っている人が増えてきている。

乗り物に関しては、ハイブリッドカーに加えて、100％電気で動く電気自動車も市民権を得てきている。テスラのほか、国産車でも、2010年に販売を開始した日産自動車の「リーフ」や三菱自動車の「i-MiEV」などが町中を走っている。

カーシェアも、都市部ではすっかりお馴染《なじ》みになった。東京の道を走っていると、そこら中でカーシェアのステッカーが貼られた車を見かける。

冷蔵庫や洗濯機などの家電はIoT（モノのインターネット）搭載が当たり前となった。外出先から冷蔵庫の中身をチェックしたり、洗濯物に合わせて自動で洗濯モードを切り替えたり、どんどん機能が進化している。HDDレコーダーは、複数のチャンネルのTV番組を24時間・数日間、全部録画してくれる「全録」レコーダーが、いまや標準的だ。

ウェブサービスも、進化が著しい。音楽は「iTunes」からダウンロードしていたのはいまや昔で、「スポティファイ」や「アップルミュージック」のような、聴き放題の音楽ストリーミングサービスを利用する人が急増している。「ネットフリックス」や「アマゾンプライム・ビデオ」のような動画配信サービスも群雄割拠していて、自宅で自由自在に好きなものが見られるようになった。

まだ大都市だけだが、出前を頼みたくなれば、「ウーバーイーツ」を使えば、和洋中、よりどりみどりの店を選んで、注文できてしまう。

「ドッグイヤー」は死語

ビジネス関連のサービスも、ここ数年で劇的に変化している。

「スラック」や「チャットワーク」のようなビジネスチャットの登場によって、コミュニケーションのスタイルはよりカジュアルで即時性が増し、プロジェクト管理も容易になった。

「Ｚｏｏｍ」のようなテレビ会議アプリの進化もめざましい。中小企業や個人も高品質のテレビ会議ができ、リモートワークやテレワークが盛んになった。

「ＷｅＷｏｒｋ」の日本参入によって、シェアオフィスがますます脚光を浴び、サテライトオフィスとして利用する企業も増えてきた。


20世紀末のＩＴバブルの頃、「ドッグイヤー」という言葉が使われていたのを覚えているだろうか。

犬にとっての1年は人間の7年に相当することから転じて、「ＩＴは、他の分野に比べて7倍速と言えるぐらい、急速に進化する」ということを表現するときに使われていた。

しかし、いまや、ドッグイヤーは死語と化した。世の中の変化のスピードは、ドッグイヤーどころの騒ぎではない。これらの商品やサービスの進化を見れば、それが頷《うなず》けるだろう。

新しいものを使いまくらないと、トレンドはつかめない

さて、ここで一つ質問だが、あなたは、いま挙げた商品やサービスをどれぐらい使い倒しているだろうか。

もし、ほとんど使っていないなら、積極的に取り入れるべきだ。半分ぐらい使っているという人も、さらに新しい商品やサービスを試したほうがいい。

なぜなら、新しいものをどんどん使わなければ、トレンドの変化をつかめないからだ。

トレンドと言うと、「80年代ファッションがリバイバル」「今年はスリムなパンツより、幅の広いパンツ」といったようなファッションの流行を思い浮かべる人もいるだろう。私の言うトレンドとは、そのような狭義の流行ではない。

経済学の授業で、技術革新によって約50年周期で起こる「コンドラチェフ循環」や、建設需要に関連して約20年周期で起こる「クズネッツ循環」など、景気循環のサイクルを学んだことがあるかもしれないが、それに近い大きな流れと考えてもらうといい。

こうしたトレンドをつかむことは、ビジネスをするうえで非常に有効だ。いまどきの消費者の気持ちがわかれば、新しいサービスや商品のアイデアが発想できるようになるし、その顧客心理に合わせた顧客サービスができるようになる。

しかし、意識的にトレンドの把握に努めないと、そうしたビジネスに対する感性は簡単に鈍っていってしまう。

スマホやアプリは、どんどん入れ替えろ

だから、私自身も、新しいものはガンガン買って使うようにしている。

たんに新しいものに目がなく、好きで買っている側面も大きいのだが、見たことのないような画期的なサービスや商品を目にしたら、よほどの金額でなければ、値段を気にせずに試してみる。

たとえば、スマホは、新しい「iPhone」が出たら、そのタイミングで必ず買

い替えるようにしている。大げさかもしれないが、ｉＰｈｏｎｅの最新型はいま現在のトレンドの集大成と言っても過言ではない。新しいバージョンのスマホでないと、使えないサービスが出てくるからだ。

スマホアプリも入れ替えまくっている。効率的にフリーＷｉ‐Ｆｉ地点を見つけられる「ＷｉＦｉＦｉｎｄｅｒ」のような実用的なものもあれば、ＡＲ（拡張現実）で貨客船や飛行機の位置情報がわかる「マリントラフィック」や「フライトレーダー24」、雨や滝の音を流す「ＷａｔｅｒＳｏｕｎｄ」のような単純に楽しむアプリも数多く試している。

ドローンや「セグウェイ」なども買ってみた。とくに明確な用途があったわけではないが、ひとまず使ってみようと思い、買ってみたのだ。

ＨＤＤレコーダーも、全録レコーダーをフル活用している。

「パナソニックメディアアクセス」というアプリを使って、録画した番組をスマホに接続し、外出先で見まくっている。後述するが、私はとにかくテレビをよく見るので、いまやこれがないと話にならない。

時代は高級志向へ

このように、新しいツールをあれこれ使っていると、さまざまなトレンドが見えてくる。

この頃、私が感じているのは、「そろそろ高級感への揺り戻しが起こるのではないか」ということだ。

最近は、安かろう悪かろうではなく、ユニクロのような安くて良いものがたくさんある。先日も、アマゾンで1万円の礼服を買ったのだが、十分に着られる品質だった。安物の洋服は、見た目は良いものの、縫製がガタガタというのが常だったが、裏地をチェックしたら、しっかりと縫われていた。20年前の10万円の礼服とほとんど遜色ないほどだ。

しかし、その反動なのだろうか。あくまで肌感覚ではあるが、消費者に、安物で事足りるものでも、あえて高くて良い商品を買おうという「高級志向」が出てきている。

たとえば、先日、9万円のカシオの「G‐SHOCK」を買った。切削《せっさく》成形のカーボンモノコックケースにカーボンファイバーインサートバンドを見て、猛烈に欲しくなってしまったのである。

しかし、高級なG-SHOCKに目を奪われていたのは、私だけではなかった。私が代表を務める書評サイト「HONZ」のメンバーで飲んだら、皆が示し合わせていたように、比較的高価なG-SHOCKをつけていたのである。まさに嬉しいショックだった。

カメラに関しても、最近は、コンデジ（コンパクトデジタルカメラ）よりも、もう少し高価なミラーレス一眼を買う人が増えていると聞く。コンデジについても、いまでは高級なものが出てきていて、高いものだと10万円台に跳ね上がっているという。

近頃は、本にも高級感が求められるようだ。以前は、値段の安い文庫や新書が売れていた。ところが最近の売れ筋は、少し高くても上質の紙を使い、センスのいいイラストを大量に盛り込んだ大型判である。

なぜ、こういう風潮が出てきているかというと、景気が良いというより、お金を使わないことに飽きたからだ、と私は見ている。人間心理とは不思議なもので、どんなに質が良くても安いものばかり買っていると飽きてきて、たまには高いものを買いたくなる。それがトレンドとなって現れつつあるのだ。

こうしたトレンドを考えると、今後、モノやサービスを売る側は、高級志向に応えていくことが重要になるだろう。逆に高級でもなく安くもない中途半端な価格のコンビニエンスストアやファッションブランドが苦しくなっていきそうだ、という予測もできる。

私が「捨てろ」という主張をしているのも、中途半端に高いものをいまのうちに捨てておかないと、高級志向のトレンドが来たときに、商品が買えなくなる、と考えているからである。

QRコード決済は「使えないサービス」

こうして新しいものを使い倒していると、新しいものがなんでもかんでも良いわけではないこともわかる。

たとえば、まったくもって意味不明なのが、ＱＲコード決済だ。

最近は、各社が「〇〇ペイ」という名のＱＲコード決済サービスに次々と参入している。「ＰａｙＰａｙ《ペイペイ》」が１００億円キャッシュバックのキャンペーンを行なったように、各社がやっきになってユーザーを囲い込もうとしている。それにつられて、入会した人も多いのではないだろうか。

しかしだ。私も少しだけ使ってみたのだが、はっきり言おう。

「Ｓｕｉｃａ《スイカ》」で事足りる。

誰がどう考えても、日本の場合、少なくとも都市部では、Ｓｕｉｃａに代表される交通系ＩＣカード（ＮＦＣ／ＦｅｌｉＣａ：どちらも非接触ＩＣカード技術方式）の決済が普及しており便利だ。

いちいちコンビニのレジの前でスマホをいじくり倒して、店に合わせて起動して、それぞれに現金チャージして、ＱＲコード表示させるなんて、まどろっこしくてやっていられない。

Ｓｕｉｃａなら、何も考えずにポケットからスマホかＳｕｉｃａカードを取り出して端末にかざせば、「ピッ」で済むわけだ。時間にして、わずか０・１秒。だから、私はｉＰｈｏｎｅでモバイルＳｕｉｃａを使っている。新幹線や在来線だけでなく、鉄道系デパートも、コンビニも、タクシーも全部対応しているのでまったく不自由はない。ＮＦＣ／ＦｅｌｉＣａ端末がない店なら、クレジットカードを使えばいい。１分いや５秒考えればわかることだ。

「中国ではＱＲコードが普及している」というが、そもそも中国は、紙幣に対する信頼がない。紙幣の偽札防止技術が未発達とも言える。しかも、多くの店舗がＮＦＣ決済端末を購入する経済的余裕がない。

したがって、中国のデジタル大国は虚像であり、その実体は、「デジタル途上国」と言える。

さらに不思議なのは、日本がなぜ、そのデジタル途上国のマネをするのかということだ。誰がどう考えても「タッチ、ピッ（決済完了）」が便利に決まっている。いちいちＱＲコードを表示させるなど、バカの極みである。昭和時代のビジネスマインドを脱却し、早く令和仕様に切り替えろと言いたい。

ともかく、この本の読者には、どんなQRコード決済サービスに入っても、キャンペーンで還元メリットだけを享受したら、とっととアプリを削除することをおすすめする。

こういうことも、QRコード決済を一度でも使ってみればわかることだ。これに限らずどんなサービスも、一度は使うと、メリット・デメリットが見えてくる。

新しいものを取り入れるには、捨てるしかない

QRコードの話でつい熱くなってしまったが、時代の流れに取り残されないためには、とにかく、新しいものを積極的に使ってみる。これが大切である。

わかっているにもかかわらず、現実的には、新しいものを取り入れるのに消極的な人が多い。

消極的になる理由は、「捨てない」からだ。

捨てないというのは、「いま持っているもので間に合っているから、捨てる必要がない」という物理的な意味合いもあるが、実際には、精神的な側面が大きい。

使い慣れたものを使い続けたほうがストレスを感じずに済む、あるいは失敗することがないと思うから、「捨てない」のではないか。

「長年使ってきて愛着がある」とか「昔の考え方にも良い面はある」とか、理由はさまざまだが、なんのことはない、たんに保守的になっているだけだ。

歳をとればとるほど、このような傾向は強まっていく。しかし、それを放置していることは、ビジネスをしていくうえでは、危険極まりない。感性はどんどん鈍っていき、時代とズレにズレていく。

女性は、20代のときに覚えた化粧の方法を一生続けると言われる。

若い頃と変わらない化粧をしている40代、50代の女性が「これが最新のやり方だ」と言って、若者に自分の化粧方法を教えたら、どう思うだろうか。間違いなく、ウザがられるだろう。

新しいものを使うことを放棄したミドルエイジも同様である。もしもあなたがクタクタの古いシャツを着て、「ガラケー」を手に仕事をしていたら、若手社員から冷ややかな目を向けられるはずだ。部下は心の底で「この人の下で働いて、大丈夫か」と不安に思う。そして何も言わずに、会社を去っていく。

人間社会では同じような人が集まるものだが、感度が鈍い会社には、感度の鈍い人ばかりが集まるようになる。すると、精神的には安定するかもしれないが、他社の社員とはまったく話が合わなくなり、世界は狭くなっていく。

そうして、捨てる人と捨てない人の差は開いていき、それがやがて経済的格差につながっていくのだ。

それがイヤなら、捨てるしかない。

古いものを捨てて、新しいものを使うことは、自分の感度をつねにフレッシュにするための第一歩なのである。

「捨てる」ことが重要なのは、ものだけでなく、考え方や知識も同様だ。

最近、「アンラーニング」という言葉を耳にするようになった。これは、「学習棄却」

という意味で、いまの時代に合った考え方や知識を身につけるには、これまで学んだ考え方や知識に上書きをするのではなく、いったんそれらを捨て去って、新たに学び直すことが必要だという考え方だという。

私は、中高年の学び直しに関しては否定的だが、この考え方には同意する。古くさい考え方や知識は、新たな学びのジャマになるだけだ。どんどん捨てて構わない。

自分の得意分野に絞って、リソースを集中させる

ビジネスの世界で生きていくために、「捨てる」ことが重要な理由は、ほかにもある。「捨てる」ということは、自分の生存戦略を考えるうえでも必要不可欠だからだ。

「人生100年時代に生き残るためには、さまざまな知性やスキルを身につけなくてはいけない」

そう考えて、これまでとは違う分野の仕事に挑戦する人は増えているようだ。

ほかの仕事にトライすることは悪くないと思うが、注意したいのは、中途半端に取

り組んだところで、あまり意味がないということだ。

自分がどうやったら勝てるかを考えた場合、何かを加えることよりも、むしろ何かを捨てて、一つに集中したほうが良い場合もある。

中途半端に得意としている仕事を思い切って捨ててしまい、ほかの人よりも秀でる可能性のある仕事だけに、自分の持てるリソースを集中投下するのである。

とくに日本人の場合は、一つの分野をとことん突き詰める職人気質が強いので、それを活かしたほうが、勝てる確率は高くなる。

日本企業を見ても、世界で勝てている事業分野は、職人気質が存分に発揮できる分野だ。

伝統工芸はその典型である。堺や越前など伝統的な刃物は、世界の一流シェフがこぞって買い求めるほどだし、広島県熊野町の「化粧筆（メイクブラシ）」は世界的なメイクアップアーティストに好んで使われる。

スタジオジブリを始めとしたアニメも、日本は依然世界のトップクラスにいる。ストーリーテリングもさることながら、それを表現するアニメーターたちの職人的なこだわりがあるからこそ、世界的に評価されるアニメが作れるわけだ。

食べ物にしても、天ぷらはもとより、ラーメンですら匠《たくみ》の技が詰まっている。食材にしても、製法にしても、そこまでこだわらなくてもいいというくらいにこだわり抜く。それも、ラーメンで儲けようというより、こだわり抜いた一つの「作品」を作り上げたいという考えが根底にあるからだろう。

日本では、コンビニにすら、職人魂を見出すことができよう。世界的に見て、あれだけ弁当の味や種類にこだわっているのは異常だ。

先日、テレビで、来日した外国人がコンビニのカツ丼を食べて、「これが3ドルなのか」とショックを受けていたが、その外国人の感覚が世界標準なのだ。たかだか500円の弁当で、一流店と遜色ない高クオリティに仕上げる技術にこだわるのはどうかしているのである。

このような職人気質は日本人のDNAに組み込まれているのかもしれない。ならば、一個人も、それを活用すればいい。なんでもかんでもやろうとしないで、不得意な分野は思い切って捨ててしまえばいいのだ。

イノベーションは「捨てること」から生まれる

「グローバル競争に勝ち抜くには、永続的なイノベーションが不可欠」と言って、商品企画部に限らず、すべての社員にイノベーションのアイデアを求める企業が増えているようだ。

イノベーションという言葉から、エジソンが発明した白熱電球のように、人類の生活を劇変させる画期的な発明をイメージするかもしれない。しかし、そんな天才は1世紀に1人生まれればいいほうだ。

そんな天才に頼らなくても、これまでにないものを生み出せれば、それはもう立派なイノベーションだ。

急にアイデアを出せと言われてもなかなか出るものではないが、イノベーションを生み出すうえでも、「捨てる」ことは重要なヒントを与えてくれる。

最たる例が、「組み合わせイノベーション」。特徴あるもの同士を組み合わせて斬新なものを生み出すという手法だ。

組み合わせイノベーションを起こすうえで、最も手っ取り早いのが、じつは「捨てる」ことである。

その典型が、ソニーの「ウォークマン」だ。

40代以上の読者ならご存じだと思うが、1979年の発売当時、カセットレコーダーは大きくて、かつ再生と録音機能がついていた。そこから録音機能を「捨てて」、持ち運びができるよう軽量化したのが、ウォークマンだ。

すでに搭載された機能を捨ててしまえば、ユーザーは減る可能性があるが、思い切って削ぎ落としたことで、むしろユーザーを大幅に増やし、全世界的にヒットしたわけである。技術的な発明は一つもない。たんに捨てただけだ。

パイロットの「フリクションボール」も、「捨てる」ことで生まれたイノベーティブな商品である。ボールペンというのは、本来「消えない」ことがウリであり、消えては困るものに使われていた。パイロットは、そのウリを捨てた。「鉛筆で良いじゃないか」という声を無視して、消せるボールペンを開発したわけである。

その結果、学生からビジネスパーソンまで多くの世代の支持を獲得し、大ヒット商品となったのは、衆知のとおりだ。

最近では、「リバースイノベーション」も注目されている。途上国だからこそ生み出せたイノベーティブな商品が、先進国でも使われることを指すが、これも「捨てる」ことから生まれているものが多い。

たとえば、ＧＥヘルスケアの心電図計は、インドの田舎《いなか》でも使えるようにするために、液晶パネルをなくしたり、心電図のプリンターをレシート形式に変更するなど機能をダウングレードして、軽量化に成功した。

その結果、「どこにでも持ち運べる心電図」として評価され、いまでは世界各地に広がっている。

ところが、日本から輸出する製品には、捨てるとは真逆の発想に基づいて余計な機能が搭載されまくる傾向にある。これでは利便性どころかイノベーティブな発想も望めないだろう。

なぜ、知らぬ間にものがたまってしまうのか？

以上で、「捨てる」意識をもつことの重要性をお話ししてきたが、私が言わなくても、最近は「捨てる」が一種のトレンドであり、捨てる意識をもちやすい世の中になっている、と思う。

「捨てる」がトレンドになった理由の一つは、ものがあふれやすい環境があるからだ。その元凶は、アマゾンなどのネット通販である。自宅のソファやベッドで、何かないかとダラダラ画面を眺めて、ポチッとワンクリックするだけでなんでも手に入るのだから、それは買ってしまうに決まっている。

私もその一人で、油断していると、不要なものがたくさんたまっていく。モバイルバッテリーはいくつ持っているのかわからないぐらいあるし、オーディオ系のケーブルも売るほどある。一時は、さまざまな風味が楽しめる「カップヌードルm-i-n-i 12個セット」を買いまくっていた。

読者の家でも、ネットで衝動的に買ってしまい、キッチンに似たような「皮むき器」

が3、4個あったり、一度しか袖を通していない洋服がたまっていないだろうか。

さらに、街に出れば、100円ショップや300円ショップ、ユニクロに代表されるファストファッションの店もたくさんある。安くて良いものが買えるので、これまたどんどん買ってしまう。

しかし、買うのはお手軽なのに、いざ捨てるとなると、ゴミの仕分けなどでひと手間かかる。こうして、どこの家庭でも、ものがあふれてしまうというわけだ。

買う行為はどんどん便利になる一方で、捨てる行為をアップデートできていない。これが家にものがたまる一番の原因である。

当然ながら、家の保管スペースには限度があるので、嫌でも捨てることを考えるようになる、というわけだ。

「ビジネス版こんまり」を目指せ！

こうしたことから、近年は「捨てる」に関するブームがいくつも起きている。「ミニマリスト」という言葉がよく言われるようになったし、「捨てる技術」や「断捨離」の本もヒットした。さらに、その流れで登場したのが、「こんまり（近藤麻理恵さん）」だ。

こんまりが支持されたのは、「ときめかないものは捨てて良い」と、捨てられない人の背中を押してくれたことだ。

捨てるというと、「エコと逆行している」「もったいない」となり、ポイポイ捨てるのは、後ろめたい行為ではあった。それを「ときめかないならＯＫ」と言ってくれたことで、罪悪感が薄まったわけだ。

いまや、こんまりは、ネットフリックスのオリジナル番組『ＫｏｎＭａｒｉ〜人生がときめく片づけの魔法〜』が起爆剤となり、アメリカを始め、世界的な支持者を獲得している。おしとやかで、おかっぱ頭の日本人形のようなキャラクターが、どこか神秘的というかミステリアスに見えたことも人気に火が付いた理由の一つだと思うが、それだけではない。

ものがあふれているのは、日本だけでなく、世界的に言えることだからだろう。

また、メルカリのようなフリマアプリやネットオークションの登場も、「捨てる」

ブームに拍車をかけている。たとえ大した収入にならなくても、「誰かに使ってもらえば、成仏《じょうぶつ》する」という思い込みにより、ものを手放すことに後ろめたさがなくなるからだ。

このようなトレンドのなかでは、捨てる意識をもつのは容易なはずである。にもかかわらず、捨てる意識をいまだにもてない人は多いようだ。また、ものは捨てられても、ビジネスの領域までは捨てる意識をもてないという人も多いようである。

しかし、自分を取り巻くあらゆる場面で「捨てる」を意識することが何より必要だ。その意識の差が、自分の運命を決めると言っても過言ではないことは、本章を読んで理解いただけたと思う。

ビジネスパーソンは、捨てるトレンドに乗り「ビジネス版こんまり」を目指せ、と声を大にして言いたい。

第1章 捨てるもの＆やることリスト

「『読んで終わり』では何も変わらないゾ！」

□最新型スマホに買い替える
□スピーカー、ラジカセは捨てて、スマートスピーカーに買い替える
□偏見をもたず、10代、20代が使っているものやサービスを試す
□安くも高くもない「中途半端なもの」は整理して処分する
□新しく何かを学ぶ代わりに、過去の知識や考え方を一つ捨てる
□中途半端に始めた習い事はやめる
□自分が苦手とする分野は、得意な人に任せる
□新しい機能やサービスを増やすだけではなく、減らしてみる
□世界の「こんまり」の本や動画を見て、「捨てるマインド」を醸成する

第2章

「ムダな仕事」を手放せ！

——昭和的労働の「リセット法」

ＡＩやＲＰＡ以前にやることがある

　いま、日本企業のあいだで、ＡＩ（人工知能）やＲＰＡによる業務効率化が空前のブームだ。

　ＲＰＡとは、ロボティック・プロセス・オートメーションのことで、ホワイトカラーの定形作業をパソコン内のロボットに自動で行なわせるという仕組みのことである。

　ご存じのとおり、日本の労働生産性は、先進国のなかでも屈指の低さを誇る。

　日本生産性本部の「労働生産性の国際比較　２０１８」によれば、２０１７年の日本の時間当たり労働生産性は（就業1時間当たり付加価値）47・５ドル。アメリカの３分の２程度の水準で、ＯＥＣＤ（経済協力開発機構）加盟36カ国中20位。主要先進7カ国で見ると、１９７０年以降、50年近くにわたって、最下位を守り通しているというひどい有様だ。

　それゆえに、ＡＩやＲＰＡに懸ける思いは強いのだろう。毎日のように、経済雑誌や新聞に用語が躍り、まるで救世主が現れたかのような扱いだ。

しかし、ＡＩやＲＰＡによって、劇的に生産性が上がるかというと、私は懐疑的だ。それらを導入する前に、もっとやるべきことがある。

旧態依然とした会社の体質を一新することだ。

私が見る限り、昭和どころか、大正や明治、ヘタすると江戸時代から変わらないんじゃないか、と思うような古い考えの会社もある。それでは、いくらＡＩやＲＰＡを導入したところで、まったく効果はないだろう。

メールを使えない証券会社

先日、改めてそのことを実感する出来事があった。

日本有数の証券会社から、他の証券会社に複数口座の株式を移管しようとしたときのことである。

私は、同じ証券会社に複数の口座を持っている。それは、ストックオプション（株式会社の経営者や従業員が自社株を一定の行使価格で購入できる権利）で新たに株式を持つことになると、勝手に新しい口座が開かれる仕組みによるものだ。

その複数の口座をすべて他社に移管しようとしたら、証券会社から何回も着電があった。折り返すと、口座移管手数料の支払い方法について、電話口で長々と説明された。聞けば、口座ごとに手数料が必要であり、担当の窓口で申し込む場合に、口座番号や振込名義人に付記する整理番号やさまざまな数字を伝えなくてはいけないという。

それだけでも十分ややこしいのだが、番号がよくわからないのでメールで送ってくれと要求したら、上司と相談すると言われ、なぜか長々と待たされた。その挙げ句、「メールではお伝えすることができない」とのたまうのだ。

「メールでは連絡できないということを、メールしてもらってもいいですか」と言おうと思ったが、あまりに幼稚な行為と思い踏みとどまった。

一応、言っておくと、「メールで連絡してはいけない」なんて法律や決まり事はない。外資系の証券会社だと、この手のやり取りはすべてメールだ。細かい数字などは書面にしてもらわないと、間違えやすいから当然だ。

しかし、日本有数の証券会社は「メールは無理。電話しかできない」の一点張り。

顧客に対してもこうなのだから、社内のシステムに関しては推して知るべし。日々、極めて非効率なやり取りが行なわれているのだろう。

個人でも会社のムダは省ける

そういえば、最近、電柱にクルマのドアをこすってしまい、数十年ぶりに車両保険を使うことにしたのだが、某財閥系の大手損害保険会社からの連絡も、やはり電話だった。しかも、何度も何度も連絡が入る。理由はよくわからないが、メールは使えないらしい。結局、査定と稟議で1週間を要した。ともかく保険金を払いたくない様子だったが、いつまでやっているのだと、嫌になってしまった。

このような会社に、AIやRPAを導入したところで、大した効果は期待できないだろう。あれはダメ、これはダメの連続で、逆に仕事が増えてしまうのではないか。

よっぽど会社が儲かっていて余裕があり、膨大なムダも気にならないのかもしれないが、そのムダをやり続ける体力がいつまで持つのか、見ものである。

さて、皆さんの会社はどうだろうか。旧態依然とした会社の体質があり、非効率すぎて頭を抱えているという会社も多いだろう。会社の体質や仕組みを一個人が変えることは難しいから、我慢している人もいるに違いない。

しかし、あきらめたら、そこで終わりだ。たとえ効果は小さくても、自分一人で、また職場の数人が協力すれば、仕事のムダは必ず省ける。それをするかしないかで、あなたの未来が大きく変わるだろう。

本章では、さまざまな仕事のムダを取り上げていく。当てはまるものがあれば、積極的に手を打ってみてほしい。

「常識」を取り外して、要らない仕事を見つけろ

では、仕事のムダをなくし、生産性を高める最良の方法は何か。

それは、「仕事を捨てること」。

作業効率を改善するのではなく、作業全体を止めてしまうことだ。

どういうことか。

自分の職場の仕事にどっぷりつかっていると、どんな仕事も欠くことができないと考えがちだ。しかし、誤った固定観念や常識を取り外して見てみると、やらなくてもまったく困らない仕事が多く見つかる。

たとえば、書評サイト「ＨＯＮＺ」では、さまざまな書評を掲載している。こうした書評を掲載する場合、出版・メディアの世界では、まず書評の内容を編集部内の編集長やデスクがチェック。その後、版元に確認したり、校正者が校正するのが普通だ。

しかし、ＨＯＮＺでは、そうした一連のチェック作業をすべて省いている。

ＨＯＮＺのレビュアーにはサーバーのパスワードを渡しているので、原稿はサイトに自らアップする。文章校正は、手が空いたスタッフが適宜行なう。これで十分だ。

チェックや仕事のフローを細かくつくるほど、やることが増え時間がなくなる。一日誰かがサボれば、その分進行は遅れる。だったら、作業工程は少ないほどいい。

実際、ＨＯＮＺでは、編集長や編集部の仕事は劇的に少なくなった。問題が起きたことも一度もない。出版社はじつにムダな作業を行なっていたというわけだ。

このように、捨てても問題ないという仕事は、どこの業界でもたくさんあるものだ。まずは、身の回りのすべての仕事をなくしたらどうなるか、一つひとつ検証することから始めよう。

エライ人が出席しなければ、会議はなくなる

どんな業種の仕事にもあるけれども、捨てても困らない仕事の筆頭と言えば、「会議」だろう。

頭数だけは揃っているけれども、何も決まらず時間だけが過ぎていく。やっと決まったと思ったら、蒸し返す意見が出てきて、また検討し直し。最終的には、話し合う必要がほとんどなかったような結論になる……。

「この3時間の会議はいったい何だったのか?」。そんな思いをしょっちゅうしているという人は、たくさんいると思う。

不思議なもので会社の業績が下がるほど、会議の数は増えていく。最近は残業規制

が厳しく、会議の時間も少しは減っているかもしれないが、それでもまだまだ会議自体はあるだろう。それなら、中途半端にやらないで、思い切ってなくしてみてはどうか、というのが私からの提案だ。

ほとんどの場合、「やらなくてもけっこう回るな」「むしろ、業績が上がった！」と気づくことだろう。そのことは、私自身が実感している。

日本マイクロソフトの社長に就任してから、私は、会議をなくすことにした。部下たちに「君たちで勝手に会議するのは、構わない。だが、絶対に俺を呼ぶな」と伝えたのである。

理由は、出るのが面倒くさいから。それに、会議なんてしなくても、会社は回ると考えていたからだ。するとどうなったか。

各部門の生産数量調整など、どうしても出なければいけない会議はあったので、完全にゼロとまではいかなかったが、ほぼすべての会議がなくなったのである。

会社は回っていたかというと、極めてスムーズに回っていた。優秀な社員たちが、自ら考えて仕事をしていたので、会議をしなくて済んだのだ。

社長主催の会議を一つもしないので、アメリカ本社から「会議ぐらいやれ」と言われ、ビル・ゲイツから「お前、普段、何やってんだ？」と聞かれていたが、意に介さなかった。結局、退任するまで、会議をしないスタンスを貫き通すことに成功した。

会議をやりたがるのはエライ人たちだから、彼らが出なければ会議は自然消滅していくのだ。

会議室よりビアガーデンのほうがよっぽど有意義

一口に会議と言ってもいろいろだが、少なくとも新しいアイデアを考えるようなことに人がたくさん集まるのは、極めて無意味だ。

会議室でマーケティング資料とにらめっこしたところで、良いアイデアなんて生まれない。そんなヒマがあったら、オフィスを離れて、街に出たほうがよほどいい。たとえ喫茶店でコーヒーを飲みながらボーッとくつろいでいたとしても、そのほうが心理的に健康だし、思わぬアイデアが浮かぶはずだ。

とりわけ、18時以降の会議は避けるべきだ。その時間帯は、ビールという権力が支配するべき時間。古代エジプトから人類はそうしていたのだから、街に飛び出しハッピーアワーの恩恵にあずかろう。

ドイツやオランダでは、夏場だと22時近くまで陽が沈まない。すると、ビアガーデンでは、あちこちでビジネスパーソンたちがビール片手に有意義な「会議」を開いているではないか。労働時間より飲んでいる時間のほうが長いのは考えものだが、意外にも飲みの席のほうが「時間を無駄にしないように」という意識が働き、活発に意見が交わされる。無論、世の中、世間の動向もダイレクトに感じ取ることができる。痛飲は翌日に響くのでおすすめしないが、日本でも積極的に試すべき習慣だろう。

電話をかけてくる人は、仕事がデキない証拠

ホリエモンこと堀江貴文が、電話嫌いであることは有名だろう。

突然かかってくる電話にいちいち応対していたら、自分の仕事が中断されて、リズ

ムが崩れるし、メールをもらえれば一瞬でわかるような用事でダラダラ電話されれば、貴重な時間が奪われる。「電話をしてくる人とは仕事をしない」と徹底している。

ホリエモンの言い分には、私も完全に賛同する。

本章冒頭で大手証券会社や損保会社の連中の話をしたが、電話する必要がないような用事で電話をかけてこられて、自分の時間が奪われるのが、とにかく腹立たしい。

メールでコミュニケーションできないのは、思考が整理されていない証拠。つまり、伝えるべきことを適確に伝えるのがヘタなのだ。電話は仕事のできない人間がするものであり、そんなヤツらに、仕事のジャマをされたくない。最近、自宅の固定電話を捨てることを本気で考えているくらいだ。

「ホリエモンのような考えは極端であり、世の中の多くの人間はそう思っていない」と考える人もいるかもしれないが、30代以下の世代は、幼少からメールやLINEなどの文字でのコミュニケーションに慣れているので、電話は必要最小限しか使わない人は多い。

どうでもいい用事で電話をかけてくるような人に対しては、いまの若者は嫌悪感を示しても不思議ではない。仕事で無神経に電話をかけまくっている人は、陰で「使えない」というレッテルを貼られているかもしれないので、自粛したほうがいいだろう。

メールやLINEも必要ない

電話が論外なのは疑う余地がないが、メールやLINEなど、他のコミュニケーションツールなら良いかというと、そうは思わない。

電話と同様に、相手の時間を無神経に奪うような使い方をしている人は多いからだ。たとえば、別に知らせなくて良いようなことでも、メールのCCや、「フェイスブックメッセンジャー」のグループチャットを使って、私に知らせてくる人は少なくない。チェックしている時間がムダなので無視したいのだが、自分宛の用事も紛れ込んでいることがあるので、無視するわけにはいかない。じつに厄介な存在だ。

また、LINE、フェイスブックメッセンジャー、スラック、チャットワーク、通常のメールなどなど、コミュニケーションツールが増えすぎていて、自分が探しているメッセージがどこにあるのか混乱することがある。仕方ない面もあるが、同じ人が「今日はＬＩＮＥ、明日はスラック」というように、さまざまなツールを使って連絡をしてくると、あとでメッセージを探しにくくなり、辟易させられる。最近は普通のメールが相対的に使いにくくなり、メールで送ってこられると、やはり面倒くさい。

ムダな時間を増やさないための秘訣は、コミュニケーションをシンプルにすること。自分の都合で完璧にコントロールするのは難しいかもしれないが、なるべくメインのコミュニケーションツールに誘導したり、意識的にやり取りを減らしたりして工夫するのが良い、と私は考えている。

たとえば、私は、主にフェイスブックメッセンジャーを使っているので、何か連絡事項があれば、メッセンジャーに送ってほしいとお願いしている。そうやって、どのコミュニケーションツールを使ってほしいかを公言しておけば、全員が全員そうしなくても、次第に一つのツールに集約されていくはずだ。

また、メッセンジャーを使ってほしいので、仕事で知り合った人には、ＬＩＮＥのＩＤを教えないようにしている。ＬＩＮＥは気軽にメッセージを送りやすいので、スタンプ1つだけを送ってくるような、どうでもいいやり取りが増えがちだ。

私は、家族にすら「よほどの緊急事項だけＬＩＮＥを使って、普段はメッセンジャーで連絡して」と伝えている。すると家族からＬＩＮＥが届くと、「緊急事態」のシグナルと判断して、最優先でチェックできるというわけだ。

普段、自覚がないかもしれないが、コミュニケーションツールが便利になることで、ストレスは減るどころか、増えている人も少なくない。コミュニケーションをシンプルにして減らす工夫をすると、ストレスがぐっと減ることに気づくはずだ。

足で稼ぐ営業は時代おくれ

会社にはさまざまな非効率な仕事があるが、非効率の塊《かたまり》のような業務と言えば「営業」だろう。

たとえば、「飛び込み営業」。これだけＩＴツールがあるのに、いまだに飛び込み営業を続けている企業もあるから、驚いてしまう。

先日、私の自宅に、〇〇証券の新人と名乗る若者が「新人研修の飛び込み営業です」と泣きそうな顔をしてやってきた。心優しい私は、インターホン越しに「いますぐ転職したほうがいいよ。昭和どころか平成も終わるのに、まだそんなことやっているのは、世界広しといえども、日本の株屋だけ。転職しないと一生後悔するよ」とアドバイスしておいた。令和のいま、飛び込み営業をきっかけに、株を買う人などいない。

新人の場合は、「飛び込み営業は、度胸がつく」とかなんとか言われてやらされているのだろうと思ったが、考えてみると、他の証券会社の新人ではない営業も飛び込みでやってくる。

営業マンを立て続けに門前払いしても、しつこく担当者を変えてやってくる。さすがに頭に血が上り、特定商取引法第3条の2に違反していると警告しておいた。

特定商取引法第3条の2は、「再勧誘の禁止等」に関する条文で、「事業者は、訪問販売を行うときには、勧誘に先立って消費者に勧誘を受ける意思があることを確認するように努めなければなりません。消費者が契約締結の意思がないことを示したときには、その訪問時においてそのまま勧誘を継続すること、その後改めて勧誘すること が禁止されています」（要約）と書かれている。

「次に来たら金融庁に訴えるからね」「いまの一連のやり取り、監視カメラで録画しているから。帰ったら支店長に言っておきな」と釘を刺したら二度と来なくなった。

そういえば、年末に自宅で仕事をしていたら、なんのアポもなく、△△証券のリテール営業部長が「年末の挨拶にカレンダーを持ってまいりました」と、インターホン越しに頭を下げていたこともあった。

「仕事中だし、緊急ではない限りアポなしには会わないし、アポはメールでしか受け付けない。それに、企業カレンダーという名の昭和のゴミをわが家に捨てに来てもらっては困る」と丁寧にインターホン越しにお断りしたのだが、そもそも実質的な打ち合わせを伴わずに挨拶を交わす理由がわからない。所詮、その営業部長は数年以内に異動するだろうし、名前も顔も異動したら3分以内に忘れてしまうだろう。

いずれも「営業は足で稼げ」を愚直に実行しているわけだが、ネット証券がこれだけ全盛の時代に、こんな昭和時代のやり方を続けていたら稼げるわけがない。

昭和のやり方と言えば、毎年5月になると、とある証券会社の新入社員から、毛筆巻物の勧誘郵便が届く。あれを燃やすのが春の楽しみなのだ。おびただしい量の毛筆巻物を書いている新入社員は、あまりに前時代的な職場に入ってしまった、と絶望しているだろう。

「お客様を捨てる」営業手法

以上の話は、証券会社の話だが、他の業種であっても、時間ばかりかかって効果の乏しい営業方法を続けている会社は、多いのではないかと思う。意味不明な作業をして仕事をした気になっていたら、会社が倒れるだけでなく、あなたもお先真っ暗だ。

若い人なら一刻も早く転職することをすすめるが、30代、40代を過ぎると、さまざまな事情で、転職が難しくなっているかもしれない。それなら、会社と共倒れにならないよう、自分自身の営業手法を見直すべきだ。

アイデア次第で、営業はいくらでも効率良くできるようになる。

たとえば、効果的なのは、「一部のお客を捨てる」ことだ。

先日テレビで見たのだが、千葉県のスズキ機工という会社がある。産業用自動機械の製造・販売をしている、社員17名程度のメーカーだが、ここはクライアントを片道1時間圏内の会社だけに絞り、それ以外の顧客は〝捨てて〟いる。それ以上に遠いクライアントだと、移動時間がかかって非効率だからであり、たとえ大手からの発注であっても断るそうだ。

それで儲かるのか、と不思議に思うかもしれないが、捨てる前よりも利益が出ている。営業エリアが限られていると、事業拡大に限界があるが、浮いた時間に新しい商品を開発することで、売上を伸ばし続けているという。

仕組みさえつくれば仕事は効率化できる

「活躍したいのに埋もれている女性やシニアを活用する」という手もある。

群馬県に群協製作所という、各種継手《つぎて》、ネジやレーザー加工機のノズルを製造・販売している中小企業がある。この会社の営業は社長と専務だけしかいないが、全国に4000社の顧客がいて、継続的に仕事を得ているという。

なぜそんなことができているかというと、女性スタッフをうまく活用する仕組みをつくっているからだ。

まずは社長と専務がカタログとサンプルを持って、全国2万社を回ったそうだが、回ったのは一度だけ。あとは、10人ほどの女性スタッフに任せている。

じつは、彼女たちは、技術の知識はほとんどないが、非常に重要な役割を果たしている。そのクライアントに対して、定期的に「最近はいかがですか？」とフォローの電話をかけるのである。相手の都合を考えないような電話営業は迷惑だが、ここは顧客のライフスタイルに沿って節度をわきまえた対応を心掛けている。

「いかがですか？」というのは、「部品は必要ですか？」という業務上の問い掛けだけではない。「息子さんは少年野球を続けていますか？」「嵐のコンサート行きましたか？」などとプライベートなことも話すのである。

雑談のネタは尽きない。以前の会話の内容を、顧客台帳に事細かにメモしているので、4000社あっても問題なく対応できる。

このような仕組みを整えたことで、売上はここ5年間で60％増えているうえ、社員の残業時間は月平均30分という効率の良さを達成している。有給休暇も簡単に取れるので、育児中の女性が喜んで働いているそうだ。

このように、少し頭を使って仕組みさえ整えてしまえば、どんな仕事も効率化できる。多くの会社は、思考停止に陥っているだけだ。国が進める「働き方改革」に期待するのではなく、自らどんどん仕組みを変えていくべきだ。

「名刺」には本当に必要な情報だけ書けばいい

日本は礼を重んじるお国柄のためか、ビジネスマナーも何かにつけて存在するが、それもそろそろ疑ったほうがいいと思う。

冷静に考えると、くだらないマナーがたくさんあるが、本当にくだらないと思うのは、「名刺」に関するマナーではないだろうか。

「名刺を差し出すときは両手で、相手に手渡す」「オーバー・ザ・テーブルで渡してはいけない。必ず相手のもとに渡しに行く」「いただいた名刺はすぐに名刺入れに入れてはいけない。テーブルに置いておく」などの〝マナー〟があるが、はっきり言って、どうでもいいことばかりである。

「失礼ですから」と、いちいちグルッと机を回って名刺を渡してくる若者がいるが、時間のムダだ。そういう人には、「若いんだから、そういうのやめとけよ」と諭している。若い頃からマナーでがんじがらめになっていると、自分が管理職になったときに、部下をマナーでがんじがらめにするので、ろくなことはない。

さらに、私が指摘したいのは、そうやってビジネスマナーにこだわるわりに、肝心なところをおろそかにしている人が多いことだ。

たとえば、最近は、ビジネスの場で会った人と、SNSでつながることが多い。前述したように、私はフェイスブックメッセンジャーで連絡を取りたいので、フェイスブックのIDを知りたいのだが、名刺にフェイスブックやツイッター、LINEなどのURLを書いている人は驚くほど少ない。会社で禁止されているなら仕方がないが、オープンにSNSをやっている人でも、ほとんどの人が名刺に書いていないのだ。SNSでつながっていれば連絡しやすくなるし、プロフィール写真を見て顔も覚えてくれる。なのに、その利点を活かそうとしていない人があまりに多い。会社の名刺に書けないということであれば、個人の名刺を持っても良いのに、そういうことまで頭が回らないのである。

最近は、名刺をスキャナーで取り込んで、デジタルデータにして保管できるソフトがあるので、それを活用して整理している人もいると聞くが、名刺を取り込んで整理するという手間をかけたわりには、本当に役立てている人は少数だと思う。

そうしたピント外れのことにばかり一生懸命になっているなら、肝心の名刺の中身を考えたほうがよほど有意義ではないだろうか。

フリーアドレスでは、フリーな発想は生まれない

ここまで、さまざまな仕事のムダを捨ててきたが、なんでもかんでも手放したり捨

てたりすれば良いというものではない。

たとえば、注意したいのは「オフィス」だ。

最近では、フリーアドレスを採用する会社も、ＩＴ企業を中心に増えてきた。デスクを固定せず、自由に好きな場所で仕事をしていいというスタイルだ。

他の部署の人と会話が生まれやすくなったり、プロジェクトメンバーと近くの席に座って仕事をすることが容易になったり、書類などのストックが少なくなってオフィスがきれいになったり、とさまざまなメリットがあると言われている。たしかにそういう側面はあるかもしれない。

しかし、「フリーアドレス」はデメリットもあるので、導入には注意したほうがいい。少なくとも開発系の仕事の場合は、フリーアドレスは逆に捨てたほうがいい。

開発者には自分の城を築かせないと、独創的なアイデアが出ないからだ。

開発系の仕事をしている人たちのなかには、ＡＤＨＤ（注意欠陥・多動性障害）やアスペルガー症候群の人たちが多く、こういった人たちこそ価値を創り出せるところがある。

それは、ＡＤＨＤならではの美点である「過集中」「没入」などが大いに関係しているのだが、オープンオフィスだと、せっかくの美点である過集中ができないのだ。私もＡＤＨＤなのでわかるのだが、ともかくまともにじっと座っていられないから、他人の目を気にしてしまう。だから、個人的にはオープンオフィスは大嫌いだ。

現に、シリコンバレーでは、フリーアドレスを導入する企業から、エンジニアがごっそり逃げ出しているという。

好きなものに囲まれて仕事をしよう

一方、マイクロソフトはよくわかっていて、エンジニアに個室を与えていた。オフィスに余計なものを置かないのもダメで、くだらないオモチャやガジェットなど自分が好きなものを仕事場に持ち込ませて、クリエイティブ性を発揮させようとしている。

また、アウトドアブランドのパタゴニア日本支社は、神奈川県横浜にある。想像のとおり、サーフィン好きの社員がボードを担いですぐ海に行けるからである。本気で遊ぶからこそ、いざというときにクリエイティブ性を発揮する。ユーザーの気持ちも理解でき、商品開発やサービスの向上にも役立つ。AI時代では、パタゴニアのように社員が遊びやすい環境や制度を整える会社が存在感を発揮するだろう。

ベストは、どんなに華麗な学歴でも「変じゃない人」、つまり一般ワーカー向けのオープンオフィスと、新しい価値を創出できる「変な人」向けのパーティションオフィスを混在させることだろう。「変な人」をうまく採用して使いこなせる会社こそ、これから伸びる会社だと思う。

ちなみに、HONZには、現在20名以上のレビュアーが関わっているが、専用のオフィスは持っていない。事務局のスタッフが1人だけ、私が取締役を務めるインスパイアのオフィスに机を置いているが、基本的にはバーチャルオフィスである。

前述したように、フェイスブック上でやり取りするので、直接顔を合わせて会議をすることがなく、机も会議室も必要ない。各自、好きな空間で没入して原稿を書く。HONZに限らず、ネットメディアはオフィスを必要としないことが多く、持っているだけムダなのではないかと思う。

研修やセミナーは天才をダメにする

「人生100年時代」と盛んに言われ始めたことで、「学び直し」を考える人が増えていると聞く。これまでの仕事の知識だけでは定年後も働き続けられないので、新たなことを学び直すことが必要だというわけだ。

新卒学生の就職先も、最近は、研修メニューが充実している会社が人気だという。しかし、そんな風潮に、私は異議を唱えずにはいられない。かつて早稲田大学ビジネススクールの客員教授をして改めて感じたことだが、大半の人は、セミナーや研修、スクールなどの座学では成長しない。

なぜかというと、そこで学んだことを実践するなら良いのだが、そんな人はほとんどいないからだ。「ためになることを聞いた」と言って、それだけで満足してしまうのが、関の山なのである。これほどムダなことはない。

前著『定年まで待つな！』（PHPビジネス新書）でも書いたが、マイクロソフトのビル・ゲイツと、ヴァージンのチャールズ・ブランソンが来日し、ある起業セミナーに登壇したことがあった。その楽屋に居合わせたのだが、２人は、「３０００人が詰めかけている」と聞くと、楽屋で大爆笑していた。

「この３０００人から起業家は１人も出ないよな」

「起業のために人の話を聞きに来るなんて頭が悪い」

「こんなムダな時間の使い方をするヤツが成功するなら、俺は逆立ちしてやるぜ」

と言いたい放題、私も同感である。

もっとも、時間を浪費するだけなら、まだマシかもしれない。つまらないことを教え込まれて、せっかくの才能の芽を潰してしまうことがあるからだ。

たとえば、ビジネススクールで習うような分析方法やフレームワークなどを学んだことで、独創性を失ってしまうのは、よく聞く話である。

これから、将棋棋士の藤井聡太や、サッカースペインリーグで活躍する久保建英《たけふさ》のような才能をもった若者が入社するかもしれない。多少コミュニケーション能力に欠けていたとしても、研修で矯正させる時間がもったいないし、間違っても会社の信念や歴史を押しつけるようなことをしては、彼らはすぐに辞めてしまうだろう。

だから、日本マイクロソフトの社長に就任したとき、私は真っ先に研修をやめさせた。「うちに入ってくる連中は、才能ある天才ばかり。変に教育すると潰れていくから、絶対やめろ」と言ったのだ。

というわけで、私の在任中は研修の類《たぐい》はなくなっていたのだが、私が退任した途端に、「待ってました」とばかりに研修は復活した。総務部が、自分たちの仕事をつくって存在意義をアピールしたかったのだろうが、不毛極まりない。

本書の読者は、新入社員よりもっと上の層ではないかと思うが、学び直しをしようとしているなら、本当に学ぶ必要があるのかどうか、よく自問自答したほうが良い。

前任者のやり方をすべて捨てろ

読者のなかには、マネジャーや店長などに昇進した、もしくはもうすぐ昇進しそうだという人もいるだろう。そうして昇進した場合、最初のうちは、「前任者のスタイルを大きく変えずに、踏襲する」ことを選択する人が多いのではないかと思う。

しかし、私は、前任者のやり方は何もかも変えるようにしてきた。日本マイクロソフトでも、前社長のやり方をすべて変えてしまった。オフィスの場所まで変えてしまったくらいだ。もっとも、それは前任者が無能だったとか、嫌いだったとか、そういう理由ではない。「前例にとらわれず、何が良いかをゼロベースで考えてほしい」「思い切って仕事をしてほしい」というメッセージを伝えたかったのである。

社員・部下が自由に進めていいということを明確にしないと、どこまで前例を踏襲すべきか、彼らが悩んでしまう。思い切った施策がやりにくくなり、会社はどんどん停滞していく。そうならないためには、大胆にわかりやすく変えることが必要なのだ。

私は、後任の社長にも、「俺のやり方は全部捨てろ」と言っていた。それぐらい、私は思い切って変えることが重要だと考えている。

私の4代後に社長を務めた樋口泰行が、パナソニックのグループ会社、コネクティッドソリューションズ社社長に就任したあと、本社機能を大阪から東京に大胆に移したが、もしかすると、その伝統が伝わったのかもしれない。

社員にメッセージを与えるうえで、とくに変えるべきなのは、「オフィスの見た目」だ。見た目が変わることによる心理的影響は想像以上に大きい。私は社長だったので、オフィスの移転までできたが、別にそこまでしなくても変えられることはある。

たとえば、オフィスのカラーを変えてみる。グリーンを基調としていたら、オレンジやレッド、ブルーなどに変えてしまうのである。すると、ボディブローのように効いてきて、社員の心が変わってくるのである。

部課長クラスだと、カラーを変えるのは難しいかもしれないが、席替えぐらいはできるはずだ。もし、これまでの席順が奥から役職順に座っていく形式になっているとしたら、逆にしてみても良い。入り口から一番近いところに部長や課長が陣取るようにするのである。また、ランダムに座る形でも良いだろう。

そうやって席の位置を変えるだけでも、人間は意識が変わってくる。先輩社員が対面から真横に移動するだけで、新人をバックアップする気持ちが途端に芽生えてくる。あるいは、部課長クラスが最も下座のデスクで仕事をすると、俯瞰《ふかん》で物事が見られるようになったりするものだ。ぜひ試してみてほしい。

第2章　捨てるもの&やることリスト

「古い考えを捨てないと、新しいビジネスモデルは取り入れられない」

- □取引先との連絡は電話を使わない
- □業務フローで、「上司の確認」が本当に必要かどうか検討する
- □役職の上の人は会議に出ない
- □18時以降は会社を飛び出し、街に繰り出す
- □連絡ツールは、できるだけ1つに絞る
- □アポなし営業は昭和の遺物。前時代的な働き方はいますぐやめる
- □名刺には、SNSのアクセスURLを書く
- □ムダな研修やセミナーは受けない

第3章

「バカ」から離れろ！

——超戦略的「人付き合い術」

転職したら、それまでの付き合いをバッサリ捨てる

人生を振り返り、私が最も捨ててきたのは何かといったら、おそらく「人」だ。

私は、これまで4回ほど異業種へ〝転職〟してきた。

新卒で入社した自動車関係会社からIT企業のアスキーに転職し、それから外資系IT企業の日本マイクロソフトへ。その後、投資会社のインスパイアを起業し、書評サイトの「HONZ」を立ち上げた。

つまり、自動車、IT、金融、出版ときているのだが、転職するたびに、それまで付き合っている人間をバッサリと捨ててきた。

転職した翌日から、まったく会わなくなるのだ。自動車関係会社にいた頃に知り合った人とは一人も付き合っていないし、アスキーや日本マイクロソフト時代に仕事をしていたIT業界の人とも、まるで会っていない。

日本マイクロソフトの元社員からOB会に呼び出されても、5年に1回ぐらい渋々

参加するぐらいだし、行ってもすぐに逃げ帰ってくるほどだ。いまは出版業界の仕事をしているので、出版社などのメディア関連企業の人と会うことが多いが、別の業界の仕事を始めたら、パッタリ会わなくなるかもしれない。

面白い話をできる人とだけ会う

このような話をすると、私のことを「打算的」だと感じる人は多いだろう。仕事上での利用価値がなくなると、切り捨てている。そう見えても、不思議はない。

しかし、私は損得勘定を考えて人に会わなくなるわけではない。たんに、自分の興味のある話題で、面白い会話をしたいだけなのだ。

たとえば、いま、金融や自動車業界の人と会ったとしても、私は楽しく話せる自信がない。金融や自動車業界の話にあまり興味がないからだ。

しかし、相手がその業界の人間である以上、おそらくその業界の話をせざるをえない。共通の話題を見つけるとなると、最新の業界事情に詳しくなければ、振り返りたくもない昔話に花を咲かせるしかないだろう。

それか、いまの年齢になると、病気の話でもすることになる。それが嫌なのだ。

逆に言えば、どこの業界の人だろうが、話していて面白い人とはお会いして、酒でも飲みながら話したい。別に仕事につながってもつながらなくてもどうでもいい。役に立つか立たないかを基準にした人付き合いなど、したくないのだ。

知り合いや友人は日々変化していくもの

これまで誰と一番飲んでいるかと考えてみたのだが、おそらく、経済系の出版社にいる編集者や記者だ。

いまは書評サイトを運営しているから、仕事上で密接に関係があるが、大昔から飲んでいる人が多い。そのメンバーに共通するのは、酒を飲んでいても、まともな情報交換ができること。話していて面白いので、つい飲みに誘ってしまう。

一方、今年最も一緒に仕事して、飲んで語っていたのは、その出版系ではない。じつはここ数年で出会った人たちだ。なぜか最近、ちょっと変な理学系研究者や老舗《しにせ》企業変革者などが増えてきた。仕事につながることはないと思うが、彼らと話していると、自分の知らない世界が垣間見られて、じつに面白いのである。

要するに、知り合いや友人というのはどんどん変化するべきなのだ。過去を語り合っても意味などない。私が語りたいのは明日だ。明日を語る知り合いや友達は、時代と自分の年齢に合わせてどんどん変わっていくものなのだろう（ただし、祇園《ぎおん》などの花街《はなまち》は違う。なが〜いお付き合いを経て資産となる）。

さて、読者の皆さんはどうだろうか。どのような基準で人付き合いをしているだろうか。

まさか、「役に立つ・役に立たない」を基準に、付き合う人を選んでいないだろうか。胸に手を当てて考えてほしい。

もし、そうだとしたら、あなたはすごくやばいヤツだと思う。「いつか役に立つだろう」と思って、モノを捨てずに取っておくように、人付き合いしているようなものだからだ。

しかし、そうやって人をモノみたいに見ている人は、相手にもモノ扱いされるようになる。そうしてつながり続けた人とは良い仕事ができるとは思えないし、何より話していても楽しくないと思う。そんな付き合いをするぐらいなら、自宅にこもって一人で晩酌しているほうが数十倍マシだ。

人付き合いに打算を持ち込んで良いことはないと、断言する。

SNSで誕生日メッセージを送る人は「即ブロック」

損得で人付き合いしない性格だから、当然、打算的に人と付き合おうとする人も大嫌いである。

私は日本マイクロソフトの社長をしたり、書評サイトを運営していたり、何冊も書籍を出したりしているので、それなりに力のある人間だと思われているらしい。だから、「私とつながっておけば、何か利用できるのではないか」と考えて、近づいてくる人も少なくないのだが、そういう人を見ると、虫唾《むしず》が走る。

最近だと、ＳＮＳ経由で近づこうとする輩《やから》が非常に多い。

私はフェイスブックを中心にしているが、１回しか会ったことのない人や、まったく会ったことがない人からの友達申請が引きも切らずやってくる。

しかし、友達になることはほとんどない。そういう人を友達にしても、楽しいことは何もないからだ。面倒くさいことや不快なことばかり起こるようになる。


不愉快ということで言うと、その最たるものは、フェイスブックの「誕生日おめでとう」メッセージだ。

フェイスブックをしている人は、誕生日に「おめでとう」メッセージをもらったことがあるだろうし、送っている人もいるかもしれない。

しかし、このやり取りのほとんどが不毛なものに思えて仕方ない。極めて打算的なコミュニケーションにしか見えないからだ。意地悪な見方かもしれないが、心から「おめでとう」と思って送っている人が、はたしてどれだけいるだろうか。

たいがいの場合は、「今日は○○さんの誕生日です」とフェイスブックが自動的に教えてくれるのを見て、反射的に送っているだけではないか。顔も名前も一致しない人に、「おめでとう」と言っている人も多いのではないかと思う。

それで親しくなることがどれぐらいあるのかは、はなはだ疑問だ。

フェイスブックでは、友達の誕生日に「おめでとうございます」のメッセージを送ると、他の人も読むことができるが、はっきり言って、自分はいかにつまらない人間かということを何千、何万人にさらす最高の方法だと思う。

一方、メッセージに対して、「ありがとう」と返信する人もいる。本当は「面倒くせえ」「誰だよ、こいつ」と思っている人もいそうだが、無視していると、失礼だとか、変なヤツだと思われるのが嫌だから、当たり障りのない返信をするわけだ。

先日も、フェイスブックを見ていたら、誰かが「一人ひとりにお礼のメッセージをこれから書きます」と書き込んでいたが、よほどヒマなんだな、と呆れてしまった。

私はこういうバカげたやり取りをしたくないので、フェイスブック上では、誕生日を公開していない。わかりさえしなければ、メッセージが来ることはないからだ。見ているほうも、恋人でもない人の誕生日など気にしない。その証拠に、フェイスブック上で誕生日を聞かれたことは一度もない。

誕生日メッセージに限らず、フェイスブックでは不愉快な思いをしたくないので、イヤな感じの投稿をする人や頭が悪そうだと感じる人は躊躇《ちゅうちょ》なくブロックするようにしている。

「誕生日メッセージを一人ひとりに返す」人はすぐにブロック。私の投稿に対して、つまらないコメントをしてくる人や、LINEのように、コメントでスタンプ1つだけ送ってくる人も即座にブロックする。私と会ったことがない人が、コメント欄に「いいね」のスタンプ1つだけを送ってきて、いったい、どういうコミュニケーションを取ろうとしているのか、まったく理解できない。

オンライン上といえども、公衆の面前で頭の悪さを露呈するようなコミュニケーションは慎むべきだ。

タイムラインが荒れないように整備する

どんなSNSにも通じるが、家族の写真を掲載するのもやめたほうがいい。ご丁寧に位置情報まで提示している人は、「わが息子を誘拐してください」とアピールしているようなものだ。そのうえで、「海外旅行中です」なんて呑気な情報を公開した日には、空き巣が喜んで自宅を訪れるだろう。そんな危機管理意識の低い人間と交流できるはずがない。即刻ブロックだ。

また、私の投稿に対して、文章のないイラストやGIFだけなどのレスポンスはすべて削除している。つまらないからだ。悪しからずご了承願いたい。

同様にメンドーな反論も削除している。そもそもフェイスブックはリアルの友達とのコミュニケーションツールだ。たまたま第三者のフォロワーも見られるように設定しているだけであって、普通、どうでもいい投稿に対して、何万人という人が見ているなかで、リアルの友達は面と向かってメンドーな反論などしないものである。これも悪しからずご了承願いたい。

友達リクエストの99％は、申し訳ないが無視している。友達数の上限は５０００だし、そもそもフォロワーは４万人近くいるので、物理的に無理だ。私のフェイスブックの友達はほとんどすべてリアルである。

それでも、たまにこちらから友達申請をするときがある。それはとんでもなく面白いコメントを送ってきた人で、かつ、自分のタイムラインで定期的に面白い投稿をしている人だ。彼らには、こちらからお願いして友達になってもらっている。ともあれ、自分のタイムラインでまったく投稿していない人と友達になる必要などない。

実際、そのなかの、つまり面白いコメントをして、自分もきちんと発信している人とは、その後はリアルの友達に発展している。いい意味でおバカさんばかりだが、私がフェイスブックを使っている理由の一つだ。

ともあれ、必要に応じてブロックするから、私のタイムラインは荒れることがないはずだ。ブロックした人は３００人程度。フォロワーの１％弱だ。その実体験から、他のＳＮＳでも同じような比率であろう。彼ら（不思議な人たち）の声をネットのマジョリティとしてはいけないと思う。

というわけで、私のタイムラインのコメントはきちんと整備しているので、これからも安心してご覧いただきたいと思うのだ。

フェイスブックの友達数を自慢するな

そもそも、フェイスブックの友達をやっきになって増やそうとしている人がいるが、必要だろうか。友達が何千人といることで、自分の人脈や影響力を誇示したいのかもしれないが、私はそういうことにまったく興味がないし、フェイスブックの友達がたくさんいる人が魅力的だとは1ミリたりとも思わない。

フェイスブックの友達は、メッセンジャーを送る可能性のある人だけで良い。友達が多すぎると、メッセージを送るときに探しにくくなるので、できる限り減らすべきだ。

そう考えると、多くても500〜600人ぐらいが適正だろう。私の場合、メッセンジャーを送ることがないリアルな友達も友達にしていない。

フェイスブックの使い方を見れば、その人がバカなのかどうかがひと目でわかる。身に覚えのある人は、いまからでも遅くない。すぐに改善すべきだ。

いまだに年賀状を出すバカ

日本には、年始の挨拶という習慣がある。年賀状を出し合ったり、営業マンがカレンダーを持って挨拶をしに来たり、というものだが、昔からその重要性がまったく理解できなかった。

年賀状を出そうが出すまいが、関係性はまったく変わらないからだ。むしろ「年末年始の貴重な自分の時間を奪う習慣」として、忌み嫌っている。

だから、自分から年賀状を出したことはほとんどない。おそらく人生で年賀状を出したのは、通算100通以下。唯一出したのは、社会人になって数年後、当時流行《はや》っていた「プリントゴッコ」を買ったときだ。

プリントゴッコを知らない若い読者のために、一応説明しておくと、これは年賀状の裏面のイラストを簡単に印刷できるというアイテムだ。いまはパソコンやプリンターが家庭にあるので当たり前のように印刷できるが、発売された1977年当時は、個人が家庭で印刷できる手段が何もなく、画期的だった。

ガジェット好きの私は、それを試したいと思い購入し、嬉しくなって100人くらいの人に年賀状を出したのである。その年以降、現在に至るまで年賀状なるものは誰にも出したことがない。

最近では、世の中全体に、年賀状を出さないという風潮が広まりつつあり、良いことだと思っているが、いまだに送ってくる人もいる。

年賀状に変わって、一斉通知系の年賀メールを送ってくる人も現れるようになった。返信できる機能もあるが、ホントにメンドーだから返信しない。それどころか、どんどん迷惑メールとして登録している。

たまに、その迷惑メールに登録した人から人づてに「連絡を取りたい」と言ってくることがある。そりゃそうだろう。その人のすべてのメールは、それ以降、迷惑メールに振り分けられて読むことはなくなるからだ。

でも、それで当方が困ったことはない。要するにメンドーな人を切っただけなのだ。年賀状断ちによって、長年の知り合いと切れることがある。

とんでもない実例を挙げたいのだが、あまりに相手が有名で大物なので、やめておく。その人からのゴルフの誘いが迷惑メールに入っていたときには反省したが、それもメンドーな人を切っただけ。それはそれでOKなのだ。

打算でつながるより、仕事で爪痕を残せ

SNSの誕生日メッセージにしても、年賀状にしても、なぜ出すかと言えば、「自分のことを覚えておいてほしい」からだろう。

しかし、インパクトのある仕事や丁寧な仕事をしてくれた人については、定期的な挨拶がなくても、しばらく会っていなくても、相手は必ず覚えているものだ。そして、仕事をお願いしたいとなったとき、必ず、「ああ、あの件だったらあの人に聞いてみよう」となる。

一種の病気なのかもしれないが、私は人の名前や住んでいる場所がまったく覚えられない。よく飲んでいる相手に対しても、飲んでいる途中や飲み終わったあとに、「自宅どこでしたっけ？」と最低でも5回は質問するぐらいだ。

しかし、そんな私でも、クオリティの高い仕事をして爪痕を残した人のことは、しっかりと覚えている。

先日も、昔、自分が気に入った写真を撮ってくれたフォトグラファーに、新しいプロフィール写真を撮ってもらおうと、10年ぶりに電話をした。どうしてもその人に撮ってほしかったのだ。

例のごとく名前が頭に浮かばなかったのだが、その写真を撮ってもらった媒体のことをかすかに覚えていたので、その版元の編集者に「あの人、誰だっけ？」と電話したら、なんとその編集者の旦那さんで、腰を抜かした。晴れて10年ぶりの撮影を終えて飲みに行き、めちゃくちゃ仲良くなったわけだ。

このように、どんな仕事でも爪痕を残しておくと、思いがけない形で声が掛かるということがある。

逆に言えば、ＳＮＳや年賀状をせっせと書いている人は、自分が爪痕を残しているという自信がないのだろう。そんな暇があるなら、インパクトのある仕事をしろ、と声を大にして言いたい。

ＳＮＳで最重要なのは、プロフィール写真

ただ、せっかく爪痕を残し、思い出してもらったとしても、連絡が取れなければチャンスを失う。

私のように名前を忘れてしまう人は意外と多いと思うので、あの手この手で見つけてもらいやすい工夫をしておいたほうがいいだろう。

何らかのＳＮＳで自己発信することはいまや必須だが、そのとき、最重視すべきなのが、プロフィール写真だ。

私のように名前を忘れる人でも、プロフィール写真に特徴があると、ビジュアルとして記憶されるからだ。

だから、プロフィールの写真は、ある程度インパクトのあるものにしたほうがいい。証明写真のように無味乾燥なものは避ける。素顔を出したくない人は、横顔でも良い。写真ではなく、イラストを使うのも手だ。私は、すべてのSNSに共通して、バックに赤色を敷いたイラストにしている。

そして、一度設定したら、プロフィール写真を変えないことも重要だ。ちょくちょく変えてしまうと、せっかく定着したイメージがリセットされ、台無しだ。簡単に変えられないと考えて、慎重に選ぼう。

飲みニケーションなんて要らない

最近の若い世代は、会社と距離をおいていて、社内の人付き合いをあまりしなくなっていると聞く。飲みに誘っても断られてしまうので、飲みニケーションが成り立たないという。

そういう状況が良いか悪いかといったら、私は良いことだと思っている。会社は仕事をする場であり、ウエットな人間関係なんて関係ない。

そう言えるのは、私自身を振り返っても、社内の人とはほとんど飲みに行ったことがないからだ。新卒の3年間だけは、同僚と同じ下宿先で共同生活をしていたので飲みに行く機会はあったが、それ以降はほとんど行っていない。せいぜい何かのプロジェクトの打ち上げぐらいだろうか。

アスキーに在籍していたときは、エンジニアリングの部署にいたのだが、私と秘書だけが営業で、あとは全員エンジニアかプログラマーという部署なので、まったく飲まなかった。UNIXを作っていたのだけど、技術者たちは泊まり込みで作っているので、外に飲みに行くヒマなどないのだ。炊飯器を持ち込んで、コンピュータルームの筐体《きょうたい》の中で炊いている不届き者がいたぐらいである。

ところが、ある日、エンジニアチームの部長が、誰かからもらったと言って、4斗《と》入りの紹興酒の甕《かめ》を持ってきたことがあった。すると、夜になって、エンジニアたちが紹興酒をひしゃくで常飲するようになった。

それで、クリスマスのときにどんちゃん騒ぎをしていたら、誰かがその紹興酒の甕を蹴り倒して、コンピュータがびしょびしょに。システムをすべて作り直しという大惨事が起きたことがあった。費用は3000万円。職場に紹興酒の甕は持ち込んではいけないと痛感した。

話を戻すと、会議の代わりにビアガーデンに行くならともかく、社内での人間関係を構築するために、飲みに行くのはあまり必要ないと思う。それなら社外の人と行ったほうがよっぽど有意義だ。

部下の結婚式や披露宴には行くな

私は、飲みニケーションに限らず、会社関係の付き合いは、とことん排除していた。慶事ですら断っていたぐらいだ。部下の結婚式や披露宴に招かれることは何度もあったが、じつは一度も行ったことがない。

経営者という立場になると、一つ参列したらすべて出ないと不公平になるので、そもそも行かなかった。日本マイクロソフトは社員が3000人いたから、毎週結婚式、毎週仲人《なこうど》になりかねない。だから、すべて断っていた。おそらくほかの経営者もそうだと思う。

ただ私は、管理職や平社員時代から、結婚式や披露宴に出席していなかった。正直言って、参列したところで良いことは一つもないからだ。

本人たちがはしゃぐのは別に構わないが、2時間も3時間も見たくはない。参列者も、酒を飲んで学生時代の友人がバカ騒ぎするだけなので、面白い情報の交換なんてまずできない。

それに、私も酒が好きなので、飲み放題の酒があり、その場の祝賀ムードがあると、ついつい調子に乗って飲んでしまう。酒飲みとはそういうものだ。すると、その日一日が潰れてしまうし、ヘタすると、二日酔いで翌日まで響く。もちろん、そのときの会話など何も覚えていない。あまりに時間のムダだ。

若い頃なら、結婚相手を見つける目的もあるから、参列する価値はあるかもしれないが、既婚者が参列するのは、時間のムダ以外の何物でもない。

葬式だけは顔を出せ

結婚式や披露宴に出ないのは、そもそも、私は「式」と名が付くイベントが大嫌いだということがある。何が嫌かって、何もしないで、黙ってじっと座っているのがたまらなく苦痛なのだ。この忙しい時代に、1時間もボーッとしている時間がもったいない。

自分の子供の式ですら、行きたくないほどだ。小学生・中学生の入学式と卒業式は、写真ぐらい撮っておかないと体裁が悪いと思うので、仕方なく参加していたが、高校生以降は行っていない。

最近は、大学の入学式と卒業式、はたまた会社の入社式にまで参加する親がいるようだが、到底理解できない。東大や京大の学長のもっともらしい話を聞いて、「やっぱり最高学府は違うわねえ」と感心したところで、1週間もすれば何を話していたか一言一句覚えていないだろう。

成人式も、ヤンキーが暴れるのを見て不愉快な気持ちになるなら、初めから行かかなければいいと思う。

ただ、そんな式嫌いの私でも、葬式だけは顔を出す。かつて仕事をしたことのある人や知り合いの経営者などが亡くなったときは、必ず行くようにしている。

これは少し打算的かもしれないが、葬式は結婚式と異なり、誰が来たか、喪主や参列者たちが覚えているからだ。また、焼香をしてから、精進落としの席で、久しぶりに会った経営者仲間と情報交換ができる。

葬式にだけは行けというのは、私の持論というより昔から言われていることだ。「結婚式に行くバカ、葬式に行かぬバカ」という有名な言葉があり、経営者の多くはこの言葉を知っていて、実践している人も多い。経営者に限らず、ビジネスパーソンとしても人としても覚えておいて良い言葉だ。

お金と時間をドブに捨てない接待の極意

私は、社内の人との飲みニケーションはしていなかったが、社外のクライアントに対しては積極的に接待していた。

接待は、時間もお金もかかるので、ムダだと言う人は多い。ムダを嫌う私のような人間が接待を重視するのは意外だと思われるだろう。

しかし、数え切れないほどの接待をして実感するのは、なんだかんだ言っても、新たに開拓したクライアントと親しくなるうえでは、非常に効果的だということだ。

ただ、バブルの時代と違い、いまは使える交際費が限られているし、たんに美味《うま》いものを食べてもらうだけだと大した効果は見込めないだろう。少ない予算で上手に接待をしないと、お金と時間をドブに捨てることになりかねない。

お金と時間を有効活用するためには、他の人が絶対にしない方法で接待をすることだ。

私が日本マイクロソフトの社長をしていた頃は、「成毛さんの接待ってすごい」と言われていた。当時の日本マイクロソフトは世界のマイクロソフトの接待費の半分を使っていたそうだが、決して目が飛び出るほど高級な店に連れて行ったことで、すごいと言われていたわけではない。「こんな接待、受けたことがない」と言われていたのだ。

詳しくは『成毛流「接待」の教科書』（祥伝社）という本に書いてあるので、そちらを読んでいただきたいが、私がよくやっていた接待の一例を挙げよう。

1軒目に連れて行ったあと、2軒目に選ぶのは、六本木にあるエンターテインメント系のおかまバー。スキンヘッドのおかまや、マツコ・デラックスみたいな巨体のおかまが、舞台で踊るような店だ。

クライアントの人たちは、普段、おかまバーにはなかなか行かないような人たちなので、店を訪れるだけでまずカルチャーショックを受ける。

ドン引きになっては面白くないので、その場のノリについていけるように、千円札を2、3万円分用意しておく。そのお金で、おかまの踊り子のパンツやブラジャーにチップを差し込ませてあげるのである。

すると、普段しないようなことだし、チップを挟むとおかまは大騒ぎするので、なんだか楽しくなってくるし、めちゃくちゃ印象に残るのだ。

その後も、相手が50代だろうが60代だろうが関係なく連れ回す。朝の3時ぐらいに〆で行くのが「吉野家」。どこにでもある、なんの変哲もない牛丼屋だ。ちょうどおなかが空いてくることもあるが、経営者や役員クラスになると、吉野家には行かなくなるので、逆に新鮮なのである。「ご飯も少なめにして、肉の量を普通にするとちょうどいいぐらいですかね」などと言って、一緒に食べるのだ。

最後に、接待する側もされる側も、全員で花屋に行き、バラの花束を買う。そして、クライアントのキーマンに「奥さんにどうぞ」と花束を渡して締めるのである。

すると、どうだろう。こんな接待はされたことがないので、「成毛さんの接待、すごかった」となって、めちゃくちゃ記憶に残るのである。少なくとも1年は、相手もしっかり覚えている。

また、花屋の前で話しているうちに、「じゃ、次の打ち合わせは」などと言って、仕事の話につながるのだ。

しかも、この接待、そんなにお金がかかっていない。おかまバーは一人5000円だし、チップといっても2、3万円程度。花も1人にしか渡していない。しかも、一社に対して年間1回しか接待はしなかった。

もし銀座のクラブに行ったら、それだけで一人5万円は取られる。私の接待なら5万円で4次会、5次会までできてしまうわけだ。そう考えると、断然コストパフォーマンスが良いのである。

ちなみに、いまだに六本木を歩いていると、当時のスキンヘッドのおかまとバッタリ会って、立ち話をすることがある。周囲からは何者なんだ、と思われているかもしれないが、彼女（？）たちにはじつにお世話になった。

とにかく、接待は、頭の使いようなのだ。

バカが伝染《うつ》る場所には近づくな

私は、スターバックスやタリーズなど、ちょっとおしゃれなコーヒーショップにはほとんど行かない。その理由は、それらの店のコーヒーが嫌いだからではない。そこにいる、気取ったヤツを見たくないからだ。

具体的に言えば、「ＭａｃＢｏｏｋＰｒｏ」を開いてスタイリッシュに仕事をしている（と思い込んでいる）ノマドワーカーが嫌いなのである。最近はそういう働き方に憧れる人も多いようだが、正直言って、ノマドの働き方のどこがかっこいいのかがまったくわからない。

喫茶室ルノアールにも行かない。それは、ネットワークビジネスの勧誘をしているヤツや、ヘンテコなものを売りつけようとしている怪しいセールスマンを見たくないからだ。

飲みに行くときも、客層が悪そうな店には行かない。ある程度のクオリティを持った焼き鳥屋か蕎麦屋しか行かないようにしている。吉祥寺の「ハモニカ横丁」は客層が良いので気に入っているが、他の街の飲み屋街に顔を出し、ちょっとでも変な客がいるようなところは、すぐに離れてしまう。

要するに、〝頭の悪い人〟と同じ空間にいるのが嫌なのである。

「直接、話すわけではないのだから、別にいいじゃないか」と思うかもしれないが、じかに接していなくても、人間は、その場にいる人たちの雰囲気に染まってしまうものだ。

人の顔が、就いた仕事によって変わっていくのはそのためである。同級生を思い浮かべてほしい。市役所に勤めている人、医者になった人、スーパーマーケットに勤めている人……。皆、職業ごとに同じような顔になっているのではないだろうか。

たとえば、毎日、仕事で書類ばかり見ている人は、表情が硬くていかにも真面目そうな顔になるし、お客さん相手の仕事の人は、やたら愛想のいい、話しかけやすそうな顔になっているから不思議だ。

同じ会社に居続けると、社長の顔つきや言動に似てくることもある。優秀な経営者ならともかく、業績が右肩下がりの企業経営者のもとで働いている人は、どんどん辛気くさい表情になるから面白いものである。

だから、頭の悪い人がたくさんいる環境にいると、自分まで頭が悪くなるというのも、あながち非科学的な思い込みとは言い切れない、と思っている。ゆえに避けているというわけだ。スタバやルノアールで仕事をするくらいなら、財務省の食堂のほうが100倍マシだ。

また、個人タクシーには絶対に乗らない。清潔感に欠け、運転手の態度が悪いことが多い。Ｓｕｉｃａが使えないのも、お客のことをまるで考えていない。

一方で、付き合ってみて面白いと思うのは、建築や造船関係に勤めている人だ。大らかな人が多いからだ。彼らは、長期スパンで大型案件を進めているのでせかせかしていないし、話すことがいちいち壮大で夢がある。とりわけ、トンネルなど一大事業に従事している人と話すと、ワクワクするし元気が出る。

読者の皆さんも、自分の居場所には気をつけたほうがいい。知らず知らずのうちに、その環境に毒されているかもしれない。

お金の貸し借りはするな

本書はビジネス書だから、政治テーマは筋違いと思うが、国際ビジネスをするうえで看過できないのが、韓国との付き合い方である。

このところ韓国の経済成長率は前年比で縮小している。また、韓国通貨ウォンが下落し、諸外国のウォン売りが止まらない。

２０１９年７月、日本政府は韓国への輸出規制強化策を発動。半導体の材料など複数品目を対象に輸出手続きを厳密にした。これに対し、８月には韓国が、日本を輸出管理の優遇対象国から除外する手続きをとり、９月中に施行する予定だとか。この背景には経済的な問題も関係している。

韓国は過去に何度も賠償請求をしてきた。「貧すれば鈍する」で、今後もあらゆる手段で、日本に対して財政支出を要求してくるはずだ。

政治的信条を抜きに、客観的に見て一番関係を再考しなくてはいけない国は、韓国ではないだろうか。

お金はむやみに貸し借りするものではない。反社会勢力などもってのほかだ。そういう友人はバッサリ切るべきである。

若い世代の流行を試すだけで、同世代と圧倒的に差がつく

人間はバカとつるんでいるとバカが伝染るけれども、頭の良い人や気持ちの良い人と付き合っていると、良い影響を受ける。

とくに、40代以上の人たちにすすめたいのは、自分より10歳も20歳も若い世代の人たちと交流することだ。

歳をとると、若い人と話が合わなくなるので、だんだんと敬遠して、同世代とばかり付き合いがちだ。しかし、若い人のみずみずしい感性や新しい時代のものの見方に触れていないと、どんどん頭が固くなり、時代についていけなくなっていく。「昔は良かった」と懐古主義の老人になって、人生を閉じていくことになる。

私は、意識的にそうしているわけではないが、気がつくと、自分より若い人とばかり交流している。「ＨＯＮＺ」のレビュアーも、仲野徹が２歳下で、多くは10歳以上年下だ。

よく考えると、この20年間、仕事を発注してくる編集者も、ほとんどが30代から40代だ。ヘタをすると20代もいる。

本書と前著『定年まで待つな！』を担当した編集者も30代で、定年前後の心境などわかりそうもないのだが、将来への危機感を抱く世代だからこそ、着想したテーマだろう。自分からは絶対に思いつかないテーマだ。

彼らの書籍企画に乗ることで本が出来上がる。年下の編集者であっても、良いコンテンツにするためには従うことがあるし、まったく同等の立場でモノを作っている。

ちなみに、ダイヤモンド社から『amazon 世界最先端の戦略がわかる』を出版するときには、こちらから版元と編集者を指名した。娘と同い年の女性編集者に目をつけたのだ。

版元は驚いただろう。彼女は実用書の専門家だが、経済には完全に疎《うと》い。それゆえに面白い本が作れそうだと思ったのだ。要するに、「知らない」ことを自覚しているから、経済に詳しくない読者の目線に立った編集ができた。それで、その年を代表するベストセラーになってしまった。時に、経験が邪魔をする。経験豊富なビジネス書の編集者だったらあんなに売れなかっただろう。

ふと思ったのだが、一般的に、歳をとると、社会や街の変化を好まなくなり、抵抗感すら抱くようになるが、私は社会や街の変化に対してまったく抵抗感がない。その理由は本人の性格によるものが大きいと思っていたのだが、それだけではなく、仕事相手の年齢が自分よりはるかに若いことも、自分の価値観に影響しているのかもしれない。

会社の常識は「世間の常識」ではない

若い世代と交流できるチャンスは探せばいくらでもある。趣味のサークルにでも入れば、50〜60代の人でも、20〜30代と普通に話す機会ができたりする。

若い人たちと話しているときに注意したいのは、上から目線で説教をしたり、たしなめたりしないことだ。そんなことをされて喜ぶ若者は一人もいないと言っていい。

何かを教えようとしないで、流行や視点など若い人から何でも吸収しようとする謙虚な姿勢をもつべきだ。

若い人が使っているツールやアプリなどを使ってみるだけでも、同世代とばかり付き合っている高齢者とは圧倒的な差がつく。

一方で、最近だと、セクハラやパワハラで役職を解かれるケースをよく目にする。本人の性癖の問題なのかもしれないが、一言で言えば、世間の常識を知らなすぎただけである。

アメリカ系企業ではセクハラやパワハラはほとんどない。「今日、きれいだね」「何歳になった？」など相手の容姿や年齢に関して、いっさい口にしない。老若男女を差別しない文化が醸成されているのだ。女性を「○○ちゃん」と呼ぶのも厳禁である。

会社の常識が、世間の常識ではない。「セクハラ、パワハラ対策委員会」なるものが設置されていること自体、恥ずかしいことだと反省すべきである。

プライドを捨て、ライバル会社とタッグを組め

最近、ビジネスをしていて、大きく様変わりしたと思うことがある。かつては同業者同士は変なライバル意識をもっていたのに、それがなくなってきていることだ。

たとえば、出版界。経済誌やビジネス誌の世界では、東洋経済新報社とダイヤモンド社と日経BP社はライバルだと言われていて、接することなどまったくなかった。

ところが、いまでは、ライバル同士が手を組む時代である。

たとえば、先述の『amazon 世界最先端の戦略がわかる』はダイヤモンド社の書籍だが、ダイヤモンド社と東洋経済新報社がタッグを組んで、イベントを行なったときは、隔世の感を覚えた。

また、日経BP社から発刊された『FACTFULNESS（ファクトフルネス）』の特集記事を『週刊東洋経済』が組んだのにも驚かされた。『ファクトフルネス』の表紙を丸ごと『週刊東洋経済』が表紙にするなんて、20年前なら絶対に考えられないことだ。

だいたいこういうことが起こるのは、ライバル誌の編集者や記者同士が一緒に飲んで、ガンガン情報交換をしているからだ。

なぜ私が知っているかというと、そういう飲み会をセッティングしているからである。2019年6月に、中公新書から『決断』という本を出したのだが、そこに登場するスマートニュースの瀬尾傑《まさる》、日本経済新聞社を辞めてフリージャーナリストになった大西康之、日経BP社を飛び出し東京工業大学教授になった柳瀬博一、『週刊東洋経済』編集長の山田俊浩は、同業者であるが、いつも飲んでいるメンバーだ。

証拠はないが、メーカー同士のコラボ商品なども、ほとんど飲みの席で決まっている気がする。

このように、変なライバル意識や縄張り意識は昭和の時代の話。そんなものは捨ててしまったほうがいろんなことがうまくいく。時代に合わせた付き合い方をすることが重要だ。

第3章　捨てるもの＆やることリスト

「バカとは付き合うな！　だが、遊んでいる人とは友達になれ！」

□「面白い」と思った人とだけ付き合う
□フェイスブックに誕生日を公表しない
□SNS上でムダな挨拶はしない
□年賀状は書かない。もらっても返事は書かない
□SNSのプロフィール写真にはこだわろう
□コストをかけず、相手を喜ばす接待や会食をする
□「なりたい顔」の人がいる場所に身を置く
□他社と積極的にコラボする

第4章

「大切なモノ」を手放し、大きなリターンを得よ！

――老後も安心「捨てる錬金術」

モノに「聖域」を設けない

第2章、第3章では、ムダな仕事や無意味な人付き合いをバッサリ捨ててきたが、そろそろ「モノ」を思い切って捨てていくことにしよう。

モノを捨てることに関しては、すでにさまざまな〝断捨離〟本や片付け本が出ているが、おおむね共通しているのは、「本当に大切なモノだけ取っておいて、あとは捨てる」ということだろう。こんまりも、心がときめくモノだけを手元に置く必要性を説いている。

ここで注意したいのは、固定観念にとらわれることなく、フラットな視点で、「大切なモノ」を見極めることだ。「これは大事に決まっている」と〝聖域〟をつくってしまうと、とっとと捨てたほうが良いモノを見逃してしまう。

結果、「これも大事、あれも必要」と、ガラクタばかりが手元に残り、一向にモノの整理が進まないといったことは、誰しも経験しているはずだ。

そこで、考え方を改めよう。

大多数の人が「絶対に捨てない」と思っているモノのなかにも、意外と手放すべきモノがある。それを見極めれば良いのだ。

世の中には、一見、大切そうに見えて、人生の足を引っ張るモノがある。モノだけではなく、習慣に関しても同じだ。そんなモノに人生を左右されるのはなんともバカらしいではないか。

大多数の人にとって捨てにくいモノを手放すのは、リスクが大きいかもしれない。しかし、そうしたムダなモノや習慣を改めていけば、大きなリターンが得られる。とくに定年前後の読者にとっては、老後のお金は不安の種だろう。本章で紹介する、大切なモノを捨てて大金を得る方法は、きっと参考になるはずだ。

広いだけの家は「宝の持ち腐れ」

真っ先に捨てることを検討すべきなのは、「持ち家」だ。

一軒家を持っている定年前の夫婦はとくに、たとえ住宅ローンを支払い終わっていたとしても、売り払うことを考えたほうがいい。

そう言われると、「冗談じゃない」と反論する人もいるだろう。老後を安心して過ごすために家を買い、30年近くかけてようやく住宅ローンも払い終わるのに、なんで手放さなくてはならないのだ、というわけだ。

皆さんの多くも、そんなシチュエーションにいたら、「一生この家に住み続ける」と意固地になるに違いない。しかし、定年を迎える前に、その考えを改めたほうが良いと私は思う。

なぜなら、定年前には住みやすかった家が、定年後になると「住みにくく売れない家」に変わる可能性はかなり高いからだ。

もうすぐ定年を迎える世代は、バブルがはじける前の80年代後半に家を買った人が多いのではないだろうか。この頃は、都心の不動産価格が急騰していたので、サラリーマンが、子供とワイワイ住める3ＬＤＫや4ＬＤＫのマイホームを手に入れるには、郊外の住宅地やニュータウンを狙うしかなかった。だから、駅から徒歩20分とか、バスで10分といった場所に家を買うことは、よくあることだった。

子供が小さくて、自分が元気なうちは、それで良かったかもしれない。やがて子供が親元を巣立っていき、自分も老いを感じるようになると、それまで住んでいた家の弱点が気になり始める。

まず、子供が駆け回れる家の広さは、負担でしかなくなる。ご存じのとおり、部屋は誰も使っていなくてもホコリがたまり、汚れるものだ。いくつもの部屋を掃除するのは高齢者にとっては骨が折れる作業である。階段を上り下りするのも辛い。

このように、ただ広いだけの家は、「宝の持ち腐れ」になるどころか、ゴミ屋敷に変貌するだけになる。

意外に不便なバス移動

交通の便の悪さも、気になり始める。

近年、高齢ドライバーによる交通事故が相次いでいるように、歳をとると、視力が低下するし、注意力が散漫になってくるので、車の運転があやしくなってくる。60代ならまだ良いが、70代後半～80代に差しかかってくると、運転免許を返納したほうが良いレベルになってくる。いずれ完全自動運転車は実現するだろうが、高価な車を買える経済的余裕はないかもしれない。

そのとき、残された移動手段はバスとなる。

スーパーマーケットなどに買い物に行くにしても、病院に行くにしても、副業やボランティアをするにしても、バス移動は想像以上に面倒だ。歳をとるほど、どんどん動くのがおっくうになる事態を、甘く見ないほうがいい。

夫婦2人ならそういう生活も苦ではないかもしれないが、どちらかに先立たれて一人になってしまうと、かなり厳しくなる。最低限の外出しかしなくなり、自宅で孤独死しても不思議ではない。

家が売れなくなる

「そうは言っても、体が動かなくなるのはまだ先の話。家を売るのも、もう少し高齢になってから考えればいい」と言う人もいるかもしれないが、呑気にもほどがある。ボヤボヤしていると、家が売れなくなるからだ。

先日、不動産コンサルタントがテレビで言っていたが、新築マンションの検索トレンドワードを調べると、1年前までは「駅から8分」だったのが、2019年に入ってから「駅から7分」と1分短くなったという。

このデータが意味するのは、昨年までは駅から8分以内のマンションなら売れたのが、今年は駅から7分以内でないと売れなくなったということ。

たかが1分と思うなかれ。わずか1年のあいだに、さまざまな駅周辺の物件が、軒並み10％以上、売れなくなってしまったのだ。ものすごい勢いで、売れる可能性のある物件が限られてきているのである。

さらに、東京オリンピックが終わる2020年以降は、少子高齢化の影響も加わり、確実に不動産が売れなくなる。条件の悪い物件は大きく値下がりする。売りたくても買い手が見つからないし、売れたとしても買い叩かれるだろう。駅から10分程度の物件すら、売りたくても売れない。駅から徒歩圏外の郊外の住宅など、問題外だ。

東京オリンピック選手村の跡地にできる高層マンション街区「ＨＡＲＵＭＩ ＦＬＡＧ（晴海フラッグ）」も大々的に宣伝しているが、最寄りの勝どき駅（中央区）まで徒歩16〜21分の距離ともなれば、アクセス面で不安が残る。ＢＲＴ（バス高速運送システム）で都心と結ぶ予定だが、使い勝手の良さはできてみないとわからない。

信頼できる大手デベロッパーが手掛けるマンションであっても、「駅から○分」という表示に注意し、できたら実際に歩いて計測するのが望ましい。

そう考えると、郊外の広い家に住んでいる定年前の夫婦は、東京オリンピックの前に、すみやかに家を売ったほうがいいとわかるだろう。いまこそ、最大の捨て時なのである。

そして、楽しい余生を送るためには、駅や商店街、スーパーなどから近い、１ＬＤＫ程度の小さな家やマンションに住み替えるのが得策だ。前述したような問題はほとんどクリアになる。

私のおすすめは、都内なら青物横丁や戸越銀座、北千住、などだ。歩いて賑やかな場所に行く。孤独からも解放されて一石二鳥だ。

若者はこれから家を買うべきか

ちなみに、20～30代の若い人は家を買って良いかというと、掃いて捨てるほどの潤沢な資産がある大金持ち以外はやめておいたほうがいい。

私が考える目安は、1億円以上の金融資産を保有しているかどうか。本書を手に取るような人の手元にそれだけの大金があるとは思えないが、要するに、ほとんどの人がやめておいたほうが良いということだ。

なぜなら、収入減などで住宅ローンが返せなくなったときでも、家を簡単に売れないので、返済地獄にハマる可能性が小さくない。さらに、その住宅ローンを変動金利で借りていたとしたら、金利が上昇したときに、返済額が増え、回復不能なダメージを負いかねない。

金利は上がると言われながらもまったく上がらないので、これからも低金利が続くように思えるが、上がるときはあっという間なので、ドツボにハマらないように気をつけたい。

自動車を捨てて、電動バイクを買え

持ち家を捨てたら、次に捨てるのは「自動車」だ。

最近、都市部の若者のあいだで「クルマ離れ」が進んでいるが、40～50代以上の人はまだまだ車に乗っている人は多いのではないかと思う。

交通の便が悪い地方に住んでいるなら、車を持つのはやむをえないかもしれない。また、都市部に住んでいる人でも、車に乗るのが趣味だというなら、別に止めはしない。しかし、都市部に住んでいて、月数回ぐらいしか乗らないけれども、なんとなくマイカーを持ち続けるのは、はっきり言って、お金のムダだ。

だいたい、車に乗るといっても、一人で移動することが多いのならば、車なんて必要ない。いっそのこと「電動バイク」に切り替えてはどうか。

日本ではまだあまり一般的ではないが、２０１９年4月に、ヤマハとホンダとスズキとカワサキが電動バイクのバッテリーや充電設備などの規格統一に向けてアライアンスを組むことを発表した。お隣の中国では電動バイクが当たり前のように走っているので、中国より10年は遅れていると思ったものだが、これを機に、日本でも電動バイクが一気に普及するだろう。

電動バイクと原付バイクは似ているが、電動バイクの特徴は、途方もなく維持費が安いことだ。また、ガソリンエンジンがないので軽量化しやすく、自転車感覚で折り畳めて、電車に持ち込めるモデルもある。移動手段として非常に有望なのだ。

家族がいる人は、「カーシェア」を活用

家族でドライブをするような場合は、「カーシェア」を活用すればいい。

コインパーキングに置いてある車を、パソコンやスマホで予約して、気軽に借りら

れる仕組みだ。タイムズカーシェアやカレコ・カーシェアリングクラブ、オリックスカーシェアなどがあるが、いずれも、15分・200円程度で借りられる。

車は、日産・ノートやホンダ・フィット、マツダ・デミオなどのコンパクトカーが主だが、街のちょい乗りには十分だろう。年式も比較的新しく、エリアによっては3列シートの車も借りられる。

都市部では設置してある駐車場も増えているので、土日でも難なく借りられる。開始1分前に予約したり、キャンセルしたりできるのも、非常に使い勝手が良い。車を手放す前に、1回試してみれば良いだろう。

軽自動車は意外に安全

それでも、日頃の足がほしいというなら、見栄をはらずに、軽自動車に替えてみてはどうだろうか。

最近の軽自動車の進化には目を見張るものがある。先日、スズキのディーラーに軽自動車を見に行ったのだが、現在売られているほとんどの軽自動車は、さまざまな安全装置（前方の車や人を検知するレーダーや、ストップ＆ゴー、ブレーキアシストなど）が標準装備されているだけでなく、前後に壁があったら誤発進しないようになっている。

また、高速道路を走る場合は、オートクルーズコントロールが作動して前の車に追随してくれるし、レーンを外れたら警告音が鳴るようになっている。

かつて軽自動車は「事故が起こったら怖い」というイメージがあったが、いまはもらい事故さえなければ、非常に安全だ。地方では軽自動車がたくさん走っているが、正しい選択をしていると思う。

通勤は自転車で十分

都心に住む現役のビジネスパーソンなら、普段の「足」は、自転車で十分だろう。

最近は、「シェアサイクル」が普及している。いつでも自転車を借りることができ、乗り捨てできるシェアリングサービスだ。

東京はとくに坂が多いので、電動仕様なのもラクちんで良い。電動自転車を買うとなると高額で手が出しにくい、だったらレンタルで十分だろう。

本書の編集者は、勝どきの自宅から、勤務先の豊洲（江東区）まで、「バイクシェア（コミュニティサイクル）」で通勤している。通勤時間は、わずか10分。電車の時刻を気にする必要がないし、疲れたら一時帰宅して仮眠できる。おかげで、通勤ラッシュにも巻き込まれることなく、ストレスフリーで働けるらしい。

そもそも、日本で電車通勤が一般的な地域は、首都圏、京阪神、名古屋、札幌、福岡くらいに限られる。じつは通勤電車とは、ごく一部のエリアを移動するための交通機関なのだ。

毎日、満員電車に揺られてストレスを抱えるくらいなら、職場の近くに住み、自転車通勤に切り替えてはどうか。生産性も高まり、よっぽど健康的な「働き方改革」になるかもしれない。

過剰な保険に注意

人生で2番目に高い買い物と言われる「生命保険」も、じつにムダな出費だ。

私は、生命保険や医療保険には一つも入っていない。人生を振り返っても、サラリーマン時代を含めても、一度たりとも加入してこなかった。

読者のなかにも、若い頃によくわからずに保険に加入した経験はないだろうか。そういった保険があれば、すぐに捨てたほうがいい。

理由の一つは、どう考えても、保険料が高すぎるからだ。保険料の大部分から、生命保険会社が、法外な儲けを得ているとしか思えない。

「自分が死んだあと、残された家族が困らないように」という気持ちはわかるが、それなら、都心にいつでも売却できる駅近の家を買ったほうがまだマシだ。

それに家をローンで買えば、団体信用生命保険に入ることになる。すると死亡時に、ローンの残債は保険でカバーされるため、ローン返済は免除され、残された家族に家を残せる。

その家に住み続けることもできるし、売却益が見込める都心の家（ただし駅近くに限る）なら、売るという選択肢もある。

ある意味、家を買うこと自体が保険なのだから、それ以上、プラスアルファの保険に入るのは過剰であり、お金のムダ遣いだ。

家族がいても、生命保険や医療保険は不要

さらに納得がいかないのは、「医療保険」や「がん保険」だ。

脳卒中やがん、心臓病などで入院したときの医療費が支払われるというが、基本的に治療代に関しては、公的健康保険でほぼカバーされる。「特約」などすべて外していいくらいだ。もちろんがんの治療は保険が適用される。

「高度医療も対応します」と言うが、特別な先進医療は別として、高度医療にしてもだいたい公的保険でカバーされているし、先進医療が必要な病気にかかることはめったにない。

「差額ベッド代など保険で適用されないものがある」と言うなら、保険料として支払う分を、普通に銀行口座に入れておけば良いだけの話だ。銀行預金なら、病気にならなかった場合に他の用途に回すこともできる。

このように、さまざまな角度から検証すればするほど、生命保険や医療保険に入る意義はまったくないことがわかる。こんなことは誰でも調べられるのに、保険の必要性をよく考えもせずに加入する人が多いのだから、呆れてしまう。

仮に、生命保険料を月２万円払っているとしたら、年間24万円。10年間で２４０万円、30年間で７２０万円だ。それだけのお金があれば保険料に充てるより、海外旅行に行くなどもっと有効に使ったほうが良い。

医療保険やがん保険に何万円も保険料を払っているような人は、それ以外にも、本人が忘れているだけで、細々とした保険に加入しているかもしれない。保険は、塵が積もってゴミとなる典型だ。定年を待たずに、契約中の保険を一度見直してみてはどうか。

資産を運用すれば、年金に頼らず生きていける

２０１９年６月、金融庁が、「公的年金だけでは、老後に必要な資金が２０００万円足りない」という内容の報告をし、大きな社会問題になっている。

「政府の努力不足で、十分な公的年金を用意できないことを棚に上げて、自分でなんとかしろとは何事だ。責任を取れ」というのが、政府を批判する人の言い分だが、年金で老後資金を全額まかなえないのは、金融庁が言わなくてもわかり切っていたことだし、政府にすべてを頼り切るのは甘えに過ぎない。

他国に目を向けても、年金だけですべての国民が暮らしていける国など皆無だ。スウェーデンなどの手厚い年金が受け取れる高福祉国は、多額の税金を徴収している。「低負担で多くの年金をもらいたい」などというのは、虫の良い話である。

老後の資金の一部は、自分で用意するのは当然だと、私は考えている。

だからといって、「銀行に預けておけば安心」という考えは捨てるべきだ。先に述べたとおり、これから先も、金利は絶望的に上がらないからである。

どうやって用意するかはそれぞれの自由だが、たんに貯金するよりは、資産を運用すれば2000万円以上を用意できる可能性もあるし、何よりラクだ。

そもそも日本以外のシニア大国では、高齢者は金利で食べている。

アメリカ人の家計金融資産は、1995年と2018年で比較すると、3・6倍に増加している。その理由は、アメリカ人の多くが積極的に資産を運用しているからだ。

金融資産の株式組み入れ比率は50％超。株価が過去23年間で5・1倍に増えたことから、その恩恵に与《あずか》ることができた。給料天引きで資金を運用でき、投資に対する税制優遇が受けられる「401k」という制度も、資産形成に一役買っている。アメリカは年金もあるが、それと同じぐらいの金額の運用益や金利を得ているシニアも珍しくない。

一方、日本人は預貯金偏重なので、金融資産は増えていない。家計金融資産を1995年と2018年で比較すると、1・5倍。アメリカと比べると、ほとんど増えていないも同然だ。

まずは「iDeCo」や「NISA」から

じつは、日本株式のグラフは平坦であり、これでは株式も預貯金もリターンは変わらないので、日本人の預貯金偏重は合理的な判断だったのかもしれない。

だが、これからはそうも言っていられないだろう。日本人にはリスクを恐れる遺伝子を持つ人が多いのはよく知られているが、老後資金を作りたければ、多少のリスクを取ってでも、資産運用をすることが必要だ。

日本でも、「日本版401k」と言われる確定拠出型年金が2001年から始まった。掛け金全額が所得控除の対象になるし、運用益も非課税で、増やしたお金を受け取るときも控除が受けられる。利用せずに運用する場合と比べると、かなり有利だ。「iDeCo《イデコ》」と呼ばれる個人型確定拠出年金も2017年から始まり、企業に勤めている人だけでなく、学生や専業主婦も加入できるようになった。

また、それとは別に、「NISA《ニーサ》（少額投資非課税制度）」もある。毎年最大120万円までの非課税投資枠があり、その範囲内で購入した株式や投資信託等の配当・譲渡益が非課税になる。

ＮＩＳＡはいまのところ期間限定だが、今後制度の恒久化などの見直しもささやかれており、使いようになっては有力な運用法になるだろう。

政府に文句を言っているヒマがあったら、それらを駆使して、少しでも資産を増やすことを考えたほうが良い。

株のインデックスファンド以外、全部捨てろ

問題は、どんな金融商品に投資をするかだ。金融商品のなかには、資産を増やそうとする投資初心者が手を出すべきではないものがたくさんある。

まず、日本株の個別銘柄は難易度が高く、長期的な資産形成には向いていない。外国株はなおのこと、ハイリスクだ。

個人向け国債は、国がどうなるかわからないこともあるが、買ったところで資産が増えない。

比較的良いのは投資信託だが、商品はピンキリ。ファンドマネジャーが運用するアクティブファンドの類は見極めが難しいので、やはりやめておいたほうがいい。

そう考えていくと、「インデックスファンド」以外は絶対に買ってはいけない、という結論に達する。

インデックスファンドとは、指数に連動するように運用している投資信託のことだ。たとえば、日経平均株価やTOPIX、ダウ平均株価などの株式指標に連動しているものが知られている。

債券のインデックスファンドもあるが、その多くが高率のレバレッジ（少ない自己資金でハイリターンを狙う手法）がかかっていたり、「この条件だと、償還できない」などと複雑な仕組みになっていたりして、利益を上げる構造が理解しにくいため、初心者は手を出すべきではない。比較的単純でわかりやすい、株のインデックスファンドを選ぶべきだ。

できるだけ手堅くいきたいということであれば、日経平均やダウ平均に連動した投信でも構わないが、ほかにも何百種類とあるので、そちらも見てみるといい。

たとえば、面白いのは「デス・バイ・アマゾン」のインデックスファンドだ。

デス・バイ・アマゾンとは、「アマゾン恐怖銘柄指数」と呼ばれるもので、アマゾンの動向によって業績の悪化が見込まれるアメリカの小売関連企業銘柄54社以上で構成された株価指数のことだ。小売業世界最大手のウォルマートや百貨店最大手のメーシーズ、会員制卸売コストコ・ホールセールなどアメリカを代表する小売大手も含まれており、話題になった。

アマゾンの未来を予測し、この指数に連動した投信を買っておくと、日経平均などのインデックスファンドよりも、大きな利益を上げられるかもしれない。

投資するなら、大手証券会社からしか買ってはいけない

証券会社は、手数料が安く、うっとうしい営業マンがいないネット証券が基本だが、「どんな投資信託を買えば良いかわからない」ということであれば、野村證券や大和証券などの大手証券会社に相談しても良い。

なぜ中小ではなく大手が良いかと言えば、彼らのターゲットはあくまで大口顧客なので、小口顧客に対しては、無難なものしかすすめないからだ。

彼らの手数料は預かった資産のせいぜい1～2％だから、100万円程度しか預けない小口顧客からは年間数万円程度しか稼げない。たとえ500万円預けてもらっても、時給に換算したらコストパフォーマンスが合わないだろう。証券マンから見れば付き合うだけ時間のムダだから、できるだけ時間を割きたくないのが本音だ。

だから、値動きが無難で、年間1回だけ報告すれば済むインデックスファンドを推してくるのは間違いない。あとでごねられるようなハイリスクの金融商品や、何度も会って報告や相談が必要な個別銘柄なんて、すすめるはずがない。そうした心理をうまく利用するというわけだ。

野村や大和に預ければ、詐欺師のような人から投資を誘われたときにも、「うちは全額野村と決めている」などと言えるようになる。

逆に言えば、小口顧客を狙っている中小証券会社や銀行には相談してはいけない。

金融庁が、「顧客本位の金融商品の販売を」と金融機関に対してわざわざ注意を呼びかけているように、自分たち本位の商品を売りつけてくる可能性が高いからだ。

時計を買えば、勝ち組になれる

もし資金に余裕があるなら、「時計」を買うのも面白い。

時計といっても、ファッションやステータスのためではない。高価な時計と銀座のクラブは似ていて、自分は金持ちでデキる男だということを誇示するためにお金をつぎ込むものだが、そんなくだらない見栄のためではない。

あくまで「投資対象」として、時計を買うのだ。

時計はワールドワイドな投資商品なので、日本の景気に関係なく、値上がりが期待できる。そう考えると、日本株や日本の不動産よりも、よほど安全性も将来性も高い。

金《きん》などと違って場所を取らないのもいい。

数十万円クラスの時計を買っても何の資産にもならないが、１本２００万円を超えるような時計だと、持っているだけで価値が上がる可能性がある。

もちろん、時計は目利きが必要なので、よく勉強しなければならない。

たとえば、ロレックスの定番、オイスター・パーペチュアルの特定のモデルなら、200万円程度で買えるが、5年ぐらい持っていれば、最低でも倍になる。

イタリアの宝飾品ブランドのブルガリは、スイスに腕時計製造専門の会社を設立し、自社で作られたスタンダード・ムーブメント（機構）を使っている。ブランド独自の機構を採用していないと値上がりしないというルールがあるように、高ければ値段が上がるわけではない。

一方で、世界三大複雑ムーブメント（パーペチュアルカレンダー、ミニッツリピーター、トゥールビヨン）が採用された時計は、投資としてはうってつけだが、高額すぎて手が届かないだろう。

そこでおすすめなのが、スイスを代表するウォッチメゾンのインターナショナル・ウォッチ・カンパニー（IWC）。アメリカ人時計技師が1868年に創業したIWCは、スイスブランドには珍しくジュネーブではなく、ドイツ国境近くのシャフハウゼンに本拠を構える。丁寧なつくりはマニアに好評で、値段も手頃。投資価値も高い。

ちなみに、勉強すればわかることだが、高級時計は絶対に使ってはいけないし、箱から出してもいけない。値打ちがガクンと下がるからだ。

中古を購入した場合は、時計店でオーバーホールをしてもらった後、防水処理をしてもらい、あとは極力動かさないこと。

そもそも、スマホがあれば日常で時計が必要になることはほとんどない。私が時計をする理由は、たんに時間を見たいから。講演中の残り時間や、取材などで相手にばれずに時間を確認するためだ。目の前でスマホを出して時間を確認されるのは、思いのほか相手には不快に映る。人と会うときはなんでもいいので時計をするが、一人で過ごす分には、スマホで十分である。

ここまで、「郊外の家を売り払え」と話したが、その売却益で都心の1LDKマンションと高価な時計を買うことができれば、老後の資金の助けになる。現役のビジネスパーソンなら、余計な保険をどんどん解約し、その代わりに高い時計を2本手元に置いて、定年を迎えれば最高の勝ち組になれるだろう。

第4章 捨てるもの&やることリスト

「モノにとらわれる人は、常識にとらわれている」

□持ち家はいますぐ捨てる
□都市部に住む人は、車を手放す
□電動バイク、電動自転車を有効利用する
□生命保険や医療保険は解約する
□少しリスクを取って、手堅い投資を始める
□大きい投資が怖ければ、高級時計を買う

第5章

「こだわり」を捨て、人生後半を謳歌せよ！

――ムリせず楽チン「シンプルライフ」

「服選びをやめれば、クリエイティブになれる」は本当か

第4章に続き第5章でも、常識にとらわれず、モノや習慣をバッサリ捨てていくことにする。ここでは、日常生活に焦点を当てて、自分にとって本当に必要なモノに絞ることで人生を謳歌するコツを紹介したい。

それは、できる限り「ムダなこだわり」を捨て去ることだ。

アップルの故スティーブ・ジョブズと言えば、いつ見ても黒のタートルネックとジーンズしか着ていなかった。その影響で、「毎日、同じ服を着ていれば、クリエイティブな人間になれる」みたいなことが言われるようになった。

同じ服と決めていれば、選ぶ手間がなくなる。そういう意思決定を減らすことで、脳のリソースをムダづかいすることなく、クリエイティブにつぎ込める――。そういう論法であるようだ。

たしかに、ジョブズ以外にも同じような考え方をしている人を見かける。フェイスブックのマーク・ザッカーバーグは、白いTシャツとジーンズばかりだ。また、クリ

エイティブとは言えないかもしれないが、アメリカ前大統領のバラク・オバマも、紺のスーツと白いワイシャツばかり着ていた。２人とも、余計な意思決定に頭を使いたくない、ということを述べている。

じつは私も無意識にそうしている。サラリーマンを辞めてから20年間、毎日ほぼ同じような服を着ている。

パンツは「パタゴニア」のジーンズの完全一択。８本を代わる代わる穿《は》いている。ここ5年でパタゴニアジーンズ以外を穿いたのは式服のときだけだ。

アッパーも同様に、夏は「ユナイテッドアスレ」かパタゴニアのTシャツに、「パパス」のアロハシャツ。ユナイテッドアスレのTシャツは、１着491円程度と安いのに、高級感があり、肌はまったく透けない「6・2オンス」をアマゾンでまとめ買いしている。パタゴニアのTシャツは少し高額だが、見た目以上に肌触りが良い。

冬は「鎌倉シャツ」のワイシャツに、「ユニクロ」の紺セーターしか着ていない。シューズは「ニューバランスMRL996」。いずれにしても、ほとんどネット通販でしか買わない。

外出時もシンプルに

意外に時間をムダにしているのが準備時間だ。

出かけるだけなのに30分くらい準備する人がいるが、時間を持て余していると言わざるをえない。

私の場合、鞄《かばん》の中身も極限までシンプルにしている。モバイルバッテリーが搭載された鞄の中身は、13インチの「ＭａｃＢｏｏｋ Ｐｒｏ」と予備のバッテリー、メガネくらいだ。いっさい準備に時間をかけない。ジャケットが必要な場合は、丸めて収納してもシワになりにくい多機能ジャケットを放り込む。１分もあれば外出できるというわけだ。

ちなみに鞄は、「ＢＯＰＡＩ」という無名のブランドだ。中国製だが驚くほど軽くて丈夫、マチが広くて使い勝手がいい。２日くらいの出張なら余裕でいける大きさだ。高級百貨店で売られていてもおかしくないクールな見た目だが、たったの１万５０００円。アマゾンで購入したから、送料もなし。われながらいい買い物をしたと思う。

食事は「定番」を決める

食べ物に関しても、極力こだわりを捨てるべきだ。

私は、昼食に関しても、20年間、ほとんど同じようなものばかり食べている。麺類は確定で、蕎麦《そば》が7割、うどん・ラーメン・パスタなどが3割。蕎麦は鶏南蛮、うどんは卵とじ。じつにシンプルである。

考えてみると、夜の外食も焼き鳥屋か蕎麦屋ばかりだ。洒落《しゃれ》たレストランや割烹《かっぽう》に行くと、店主か料理長が厨房から出てきて一品ずつ料理の説明をしてくれてなかなか食べさせてくれない。能書きを聞いたところで、刺身の味が変わったりするわけではないのだから、さっさと食べさせてほしい。アラカルトも、メニューが複雑でわかりにくかったりする。

蕎麦屋を推すのは、手間をかけるほど美味《おい》しいのが明確だからだ。寿司は新鮮なネタの仕入れルートを確保して、半年ほどの修業を積めばそれなりの味を提供できるが、蕎麦はそうはいかない。職人としての修業を積むほど味に深みが増す。店主が一皿ごとにいちいち能書きを垂れないのも良い。むしろ、「麺が伸びるから早く食べろ」と急《せ》かされるくらいだ。

朝は食べないが、食べるときは決まって「ソーセージエッグマフィン」。そう、「マクドナルド」だ。最近は、「倍グラン クラブハウス」（通常の1・7倍の肉厚パティ2枚が挟み込まれた夜マック限定「グラン クラブハウス」。2019年2〜3月に期間限定で昼間も販売された）もマイメニューに加わったが、ほかのものは食べない。

酒も、飲むとしたら「メーカーズマーク46」のペリエ割りだけだ。

SNSを見ていると、毎日のようにミシュランの3つ星レストランのような場所に足を運んでいる人がいるが、愚の骨頂である。田舎者がルイ・ヴィトンのモノグラム・バッグを持つのと一緒で、所詮「ブランド信仰」だろう。もちろん、ハレの日に高級レストランを利用したり、ワインの教養を得るために通い詰めるのは認めるが、普段は質素倹約に努めるべきだろう。

ということは、私はアマゾン、ユニクロ、パタゴニア、鎌倉シャツ、ユナイテッドアスレ、パパス、蕎麦屋、焼き鳥屋、マクドナルド、メーカーズマークさえあれば生きていけるということだ。

「定番」を決めれば、時間の節約になる

このように自分のなかで「定番」を決めておくのは、特別なポリシーがあるわけではない。脳の処理能力を空けているわけでもない。ただただリアル店舗に服を買いに行ったり、朝起きてから服を選んだり、店を予約したり、メニューを仔細に検討したりすることがメンドーだしキライなのだ。

要するに男子小学生のままで、まったく成長していないのかもしれない。それを発達障害と言うのだろうか。

とすると、因果関係は逆かもしれない。つまり、ジョブズなども発達障害があって服や食事などにさほど興味をもつことのない子供のまま大人になったがゆえに、子供のような発想ができていて、それをわれわれはクリエイティブだと思い込んでいるだ

けかもしれないのだ。

だから、毎日同じ服を着たからといって、クリエイティブになれるかわからないし、私は無意識にやっているに過ぎないのだが、意図的にやってみたら、少しは効果が得られるかもしれない。少なくとも、服装にダラダラ悩んでいる時間の節約にはなる。

一日の終わりにぜひ振り返ってみてほしい。穿いている下着が高級ブランドでもユニクロでも、ランチがホテルのレストランでも駅前の牛丼店でも、ほとんど自分自身は何も変わっていないことに気づくだろう。だったら、悩む時間は極力減らしたほうがいい。

ドレスはレンタル、礼服は使い捨てで十分

私は洋服に対するこだわりがまったくないからかもしれないが、パーティー用のタキシードやドレスを買うのはもったいない、と昔から思っている。

そう何度も使わないものにお金を費やすのは、ムダだと感じるのだ。まして、女性

のドレスは、「何度も同じものを着ていると思われるのが嫌だから」と一度しか着ないこともあると聞く。そんな1回きりのものに数万円も出すのは理解できない。

そういう冠婚葬祭やパーティーなどの衣装は、レンタルに限る。

私は、結婚式やパーティーに招かれた際は、ディレクターズスーツなどをすべて会場のホテルで借りていた。

ドレスは、レンタル専門店で借りれば、2泊3日で数千円ぐらいから借りられるようだし、最近は個人間でシェアできるサービスも出てきている。1回しか着ていないドレスならば新品同様だし、流行りも押さえているだろうから利用しない手はない。

ただし、葬儀などで着るブラックスーツだけは別だ。葬儀が重なると、いちいちレンタルするのが面倒なので、格安の礼服を買っている。

最近の礼服は、安いものでもあなどれない。第1章でも書いたが、アマゾンでポチッと購入した1万円のブラックスーツでも、人前で着るのに十分な品質だった。おそらく耐久性はないと思うので、クリーニングに出さずに使い捨てにするつもりだが、5回で使い捨てたとしても、1回当たり2000円だ。もしかしたら、クリーニング代より安いかもしれない。上々のコストパフォーマンスだろう。

背表紙がイケてる本だけ残す

「成毛さんはたくさん本を読むと思うのですが、どうやって整理しているのですか?」と聞かれることがある。

たしかに、「HONZ」という書評サイトを運営している仕事柄、さまざまな出版社や著者から多いときで月200冊も献本されるので、何も手を打たないと事務所にも自宅にも本がたまって仕方がない。どう整理しているか。

答えは、「良い本だろうが、つまらない本だろうが、どんどん捨てる」だ。

分類などしている時間の余裕はないし、いまなら一度捨ててしまっても、読み返したくなったら、ネットですぐに購入できる。それに読み返すといっても、たいがいの本は読み返さないものだ。読んだ本は、遠慮なく捨てて良い。

ありがたいことに作家のサイン本も献本していただくが、サインだけきれいに切り取ってファイルに保存。本は捨てることにしている。

雑誌等は手に入りにくいので、そういうものは取っておいてもいいかもしれないが、それも最小限にしたほうがいい。スマホで画像保存して、どんどん捨ててしまおう。

では、一冊の本も残さないのかというと、そうではない。私の自宅や別荘にも本棚があり、それなりに蔵書はあるのだが、じつは9割方読んでいない。読み返したい本を残しているのではなく、背表紙がかっこいい本だけを残しているからだ。なぜかというと、「かっこいい本棚」を作りたいから。誰かに見せるというわけではなく、たんに自分が眺めて楽しみたいだけだ。

拍子抜けするかもしれないが、書籍に関しては、「将来読み返す」「価値がある」などを基準にしていると、なかなか判断がつきにくいものだ。「美意識」というまったく違う観点から取捨選択をすることで、途端に捨てやすくなる。

調味料であふれかえった日本人の冷蔵庫

食へのこだわりで言えば、日本人は世界有数だと思う。

朝から晩まで、ここまで食に関するテレビ番組を放映している国などないだろう。バラエティ番組や旅番組はもちろん、夕方のニュース番組で特集されたり、グルメをテーマにしたドラマやアニメも毎日のように放映されている。

深夜時間帯のグルメ番組を「飯テロ」と称するようだが、自宅にいる時間の長い高齢者や私のような人間にとっては、つねに中東地域並みのテロの脅威にさらされている。

それに乗じて、日本人ほど冷蔵庫の中が食べ物であふれている民族はいない。以下の調味料が冷蔵庫と調味料棚に確実に入っている国民はたぶん日本人だけだ。

塩、醤油、酢、すし酢、ワインビネガー、ウスターソース、中濃ソース（お好み焼きソース）、味ぽん、味噌、中華スープの素、コンソメスープの素、だし昆布、鰹ぶし、マヨネーズ、ケチャップ、七味、一味、鷹の爪、サラダ油、オリーブオイル、バター、小麦粉、パン粉、マスタード、和辛子、わさび、カレー粉、粗挽き胡椒、白胡椒、などは当たり前。

さらに、和洋中エスニックのあらゆる調味料や香辛料がある。少なからぬ家庭にはガラムマサラ、豆板醬、甜麺醬、ジェノベーゼペースト、トリュフ塩などなど……。現代の日本人は和洋中、エスニックの全対応なのだ。

多くのフランス人は中華料理を作らないし、多くの中国人は日本料理を作らない。多くのインド人はフランス料理を作らないし、アメリカ人はピザとステーキしか食べない。しかし、多くの日本人はその全部をとりあえず作れるのだ。それはそれで否定するべきではないどころか、誇るべき文化だろう。

しかし、「手作り料理でなければならない」という固定観念にしばられるあまり、時間がないなかで無理をして料理を作っている人、それによりストレスや疲れをためている人が意外と多いのではないかと思うのだ。

手作り料理信仰を捨てよ

とりわけムリをして手作りしていると感じるのは、共働き、とくに子育てをしている家庭だ。

雑誌『PRESIDENT WOMAN』で「〝日本式共稼ぎ〟はなぜこれほど疲弊するか」というテーマの記事を読んだ。記事には書かれていなかったが、日本人の共稼ぎ家庭が疲弊する理由の一つは、自宅での手作り料理に対するもはや信仰と言ってもいいほどの熱心さにあるかもしれない。

日本では、妻であれ夫であれ、料理に対して異様に時間と労力をかけている。

夕方のスーパーマーケットでは、仕事帰りに保育園などで子供をピックアップしたあと、疲れた顔をして食材を購入している母親の姿を見かけることがある。彼女たちが一生懸命料理を作っているのは、「食育」の意味で、出来合いのものばかり子供に与えてはいけないと考えているからかもしれない。

だが、有名シェフの三國清三《きよみ》さんは1950年代に北海道の漁師家庭に生まれ育って、「ザ・日本」のものばかり食べていたのにフレンチをやっているし、そもそも私も、同時期にじつにテキトーな料理を食べていた。それでも大人になったら、味はわかるようになる。

いつの時代も、多くの子供はホーレンソウだのピーマンだのが嫌いだし、ぼたもちが大好きな男子高校生もあまり見たことはない。しかし、歳をとるにつれ好みが変わってくる。ということは、幼少期の食育に効果があるのかは、はなはだ疑問である。

コンビニや冷凍食品などをフル活用しても、子供の健康や味覚には、何ら問題はない。罪悪感など覚える必要はまったくない、と私は思う。

コンビニ飯でも何でもいいから、家族揃ってゆっくりテレビでも見ながら、気楽にニコニコしながら食べたほうが、子供だって親に気を遣うことがないし、楽しく食べられるのではないだろうか。

また、郊外や地方はともかく、都市に住んでいる家庭なら、朝から食事ができる場所は無数にある。香港などでは朝食は外で食べることが多い。出勤前に子供と一緒にお粥《かゆ》を食べるビジネスパーソンも見かけるくらいだ。そのうち、中華チェーンの「日高屋」や回転寿司チェーンの「くら寿司」あたりが朝食サービスを始めるようになれば、一気に「外で朝飯」が根づくだろう。

ホームパーティーは「一点豪華主義」でOK

客人をもてなすにも、完璧な料理は必要ない。ポイントは「一点豪華主義」だ。

30年ほど前に、アメリカの若きビリオネア（ビル・ゲイツではない）のお宅に招かれたことがある。

出てきた食事は、レトルトのソースがかかったスパゲッティと、レタスだけのサラダで拍子抜けしたが、ワインだけは格別で、その味だけが忘れられない。

ワイン以外にも、チーズやスイーツなどこだわりの食べ物を一つ用意しておけば、それ以外の料理は少々手を抜いても誰も気にしない。高価な一点モノだけを写真に収めて、インスタグラムにアップさえすれば、客人は大満足なのだから。

世界を見渡せば、そんなふうに食にこだわらない人も珍しくない。なにも手作り料理にしばられることなく、素直に食を楽しめばいいのではないか。

面倒な掃除は家事代行に任せる

料理のほかにも、手を抜ける家事はたくさんある。

とくに意識の高い日本人の若夫婦は、完璧に家事をやろうとする傾向がある。楽しんでやっているならともかく、それで心の余裕を失っているなら、思い切って家事の手を抜いたり、他人に任せたりするべきだ。

最も手っ取り早いのは、ハウスキーパーや家事代行サービスを利用することだ。日本ではお金持ちが利用するサービスのようなイメージがあるが、海外に行くと中流家庭でもハウスキーパーを利用することが珍しくない。

料金はどうかというと、ハウスキーパーや家事代行をネットで検索すると、1時間2000～3000円程度で依頼できる会社がいくつも見つかる。たまに掃除だけでもお願いすれば、一気に家事が楽になるはずだ。

わが家も、2週間に1回程度、掃除の専業業者にお願いしていて、隅から隅まできれいにしてもらっている。15〜16年にもわたって、遠くからご夫婦が来てくれている。先日、判明したのが、そのご夫婦は掃除が趣味で、本業はビルのオーナー。つまり、めちゃくちゃお金を持っているのだ。特殊なケースだと思うが、こういう掃除好きは必ずいる。身近にいたら仲良くなって、掃除を手伝ってもらうのも手だ。

掃除については、「ルンバ」のようなロボット掃除機を導入し、何度も掃除しなくて済むような環境をつくっておくのも良いだろう。台所など塵や細かいゴミがたまりやすいエリアは、「マキタ」のハンディ掃除機を使えば数十秒もかからずきれいになる。

小さな子供がいる家庭は、ほこりや花粉が舞い上がらないタイプのカーペットを敷き詰めておくと良い。子供は床に顔が近いので、床にたまっている花粉を大人よりもバンバン吸い込みやすい。それで、花粉症やアトピーになることもあるので、フローリングよりも花粉やほこりが舞い上がりにくいカーペットが適しているのだ。

こう言うと、「子供はいろいろこぼすから、その度に買い替えるのにお金がかかる」と文句が出るが、将来かかる医療費や薬代と比べれば、汚れて買い替える費用など高が知れている。カーペットにして花粉症やアトピーを防ぐほうが、コスト的にも優先すべきなのは明白である。

浮いた時間に副業や余暇を楽しむ

洗濯については、クリーニングよりも手軽なコインランドリーの洗濯代行サービスを利用するといい。専用のランドリーバッグに洗濯物を詰め込んでおけば業者が回収し、コインランドリーで洗ってもらえて、乾燥・たたみまでしてくれる。毎日のようにシーツを洗ってもらっている人もいるという。

料金は、「WASH&FOLD」という会社のサービスだと、Tシャツ60枚が入るバッグで、1回3000円だった。都市部が中心のサービスだが、家の近くにあったら利用してみるといい。

こうしたサービスは、使う前は「お金がもったいない」と感じるかもしれないが、一度使ってみると、大幅に時間が節約できることに気づくはずだ。その浮いた時間で副業をして稼いだり、余暇を楽しめたりするのであれば、安いものである。家庭にストレスをため込むことなく、夫婦の仲も円満になるだろう。

こだわりを捨てるか、妻に捨てられるか

料理や掃除、洗濯の負担を減らすことは、共働き夫婦に限った話ではない。子育てを終えた定年前後の夫婦も、家事を減らして、人生を謳歌すると良いだろう。

しかし、こう言うと、「主人がどう思うか……」と心配する奥様がいる。

現在、定年前後の世代は、亭主が家庭を顧みることなく働き、奥さんが専業主婦として炊事・洗濯・掃除を一手に引き受けてきたというケースがまだまだ多いと思う。いままで完璧にやってきた家事のレベルを急に下げにくいというわけだ。

心配ご無用だ。もし夫が「家事を手抜きするな」などと言ってきても、聞かなくても良い。定年後も亭主関白を続けられたら、たまらないからだ。定年退職して、朝から晩まで家にいる亭主に、「飯、風呂、寝る」と言われ、その挙げ句、家事もこれま

でどおり一手にこなすとなったら、1年とやっていられない。

だから、少しぐらいの手抜きも許さないような素振りを見せたら、こちらから家事をボイコットしてやろう。どんなに鈍感な亭主も、すぐに危機感を覚えるはずだ。

逆に、男性に関して言えば、定年後も働いているときと同じように亭主関白な態度をとらないほうがいい。朝起きて、おめざのコーヒーが即座に出てこなくても、怒る権利はもはやない。長年貫いてきた「こだわり」「ルーティン」は定年を機に捨てるべきだ。

一日中家にいながら、文句ばかりで家事も手伝わないような旦那は、奥さんに捨てられると覚悟したほうが良いだろう。世は人生100年時代。定年後に稼がず、ぐうたらしてる男など、お荷物以外の何物でもない。

バカにできない「コンビニ飯」とお取り寄せグルメ

手作りの料理ではなく、コンビニ飯が食卓に並んだとしても、文句など言ってはいけない。働いていると想像すらしないだろうが、一日3食、手料理を作るのは、あなたが思うより大変なことなのだ。

もっとも、コンビニ飯と言っても、いまはバカにしたものではない。

先日、家内が3日間旅行に出かけて、仕事もたまっていたので、「ものは試しに」と、3日間9食、きっちりコンビニ弁当（コンビニ麺）＋コンビニつまみ＋コンビニデザートで暮らしてみた。セブン‐イレブン、ファミリーマート、ローソンと巡ってみたが、何日かは、コンビニしばりでも生きていけると感じた。

料理をしたことがない人でも、麺類なら簡単に作れるから、挑戦するといい。ただし、奥さんに、「キッチンを使わせたくない」と言われたら、素直に引き下がること。

さて、わが家の場合は、昼食は20年前から麺類と決まっているのだが、日本全国を見渡すと美味しい麺類がたくさんあり、取り寄せるのが楽しい。

たとえば蕎麦については、ここ3年間は、長野の「雪村そば」の定期購入会員になり、毎月冷凍で14食買っている。意外にも蕎麦は季節変動に弱い食べ物だが、この店は蕎麦の質が年中安定している。

ラーメンに関しては、生ラーメンを冷凍していることが多い。大量に備蓄しているのは、新千歳空港で売っている「純連の生ラーメン」や、名古屋の「來來煌華星&想吃担担面」。担々麺は、ヘタな中華屋の担々麺など比較にならない。自宅のほうが美味いというヤバイやつだ。この麺の保存方法は、お店によると具だけ冷凍し、麺は冷蔵だというのだが、構わず全部まるごと冷凍している。１カ月は普通に持つ。

北海道・江別産小麦を１００％使用した「えべチュンら～めん」も、乾麺なのだが寒干しということで、食感がまるで違う。まさに生ラーメンのごとくであり、小麦の良い香りがただよう。これもわが家の定番だ。

こういうものを取り寄せたりすれば、少しは奥さんにも喜ばれるだろう。このように、いかに自分が家族に貢献できるかを考えることが、定年後は大切だ。

オモチャは次々買い与えて、どんどん捨てる

子供のオモチャは、湯水のように買い与え、飽きたらポイポイ捨てればいい、とい

うのが私の持論だ。

「ポイポイ捨てるなんてもったいないから、厳選して買ったほうがいい」「家の中が散らかるから、湯水のようになんて買いたくない」と言われるかもしれないが、子供のためを思ったら、どんどん買って捨てたほうがいい。

その理由は、子供には、とにかく多くの体験をさせてあげることが大切だからだ。自分の手を動かしていろいろな体験をしてみないと、自分が寝食を忘れるほど熱中できるもの、本当に好きになれるものがわからないし、自分の才能に気づけない。

スポーツや習い事も大切だが、日々の遊びにもヒントは隠れている。プラモデルや粘土で何かを作る、虫を捕まえる、泥団子をこしらえる、人形の着せかえをする、ミニカーを集めるなど、さまざまな遊びをすることで、好きなことや得意なことが見つかるのだ。

振り返ると、コンピュータに興味をもったのは高校時代だが、そのきっかけは小学校5年生の頃に出合った電子回路だった。家族旅行で泊まったホテルのロビーにたまたま置いてあった『科学朝日』(朝日新聞社、1996年『サイアス』に改名後、2000年休刊）という雑誌がじつに面白く、それをきっかけに定期購読を開始したからだ。そこから電子関係のいろいろな雑誌購読へつながった。

また、外国への抵抗感がなくなったのは、小学生のときから『兼高かおる世界の旅』というTV番組を見ていたからだ。いつかは外国に行くと決めた。飛行機で飛んでいって愉しめばいいんだ。そこには知らない世界があるけれど、理解できないことはない。そう思ったのだ。

そうした経験が、結果的に1980年に外資系コンピュータ会社に入社することに結びついたのである。もし『科学朝日』や『兼高かおる世界の旅』に出合わなかったら、いまの自分がどうなっていたかわからない。

中学・高校までに、好きなことや自分の才能を見つけることは、のちの人生を大きく左右する。その年頃に見つからないと、やることが受験勉強ぐらいしかなくなる。それで東大に入れたとしても、入学後、卒業後に何をすればいいのか悩んでしまうのである。

一方で、好きなことや自分の才能がわかっている人は、早くからそのことに打ち込むので、場合によっては、中学・高校時代から頭角をあらわす。大学在学中から、あるいは高卒でスタートアップを立ち上げるなど、目立った活動をし始める。どちらが大成するかと言えば、言うまでもなく後者だろう。

いまの学生がどんな刺激を外で受けているかは、親にも本人にもわからない。数十年しなければわからないが、大人が子供に用意するべきことは、大人が面白いと思うことを子供にも体験させることだ。それこそがホンモノの教育ではないだろうか。

大人もハマる知育玩具の魅力

もっとも、どんなオモチャでも良いかというと、そうではない。自分の好きなものや才能を探すヒントになるオモチャを与えたほうがいいだろう。

完成したオモチャよりは、自分で作って完成させるタイプのものがいい。

かつては学研の『科学』と『学習』があり、付録によって、年間12回、小学6年間を通して計72回の体験ができた。カブトエビ飼育セットや虫眼鏡、顕微鏡、太陽熱湯沸かし器、ポンプ、天秤、昆虫採集セットなど、多種多様な体験ができたわけだ。

どれも、ガラクタのようなものだったけれども、子供はすぐ飽きるので、これで十分。どれだけ高額な顕微鏡にしても、ほとんどの子供は1回だけいじれれば満足するのだから、安くてちょうど良いのだ。

こうしていろいろ試すと、一つぐらいは、顕微鏡を何週間もずっと飽きずに見ているというようなことが出てくるので、そのときに、本物の高価な顕微鏡を買ってあげれば、存分に活用してくれる。効率的な教育投資ができるわけだ。ノーベル賞学者も、幼少期に『科学』で育ったなんてエピソードが出てくるというのも、頷ける。

ちなみに、『科学』と『学習』の創刊時のエピソードとして、当時業界では前例がない付録つきの雑誌について、出版社の役員連中が「ありえない！　オモチャを付けたら国鉄（現在のJR）が低価格で運んでくれない」と言って猛反対したそうだ。後年、ノーベル賞受賞に結びつく雑誌創刊を反対したお偉いさんが東大卒ばかりだったというから、なんとも皮肉である。

いまや『科学』と『学習』はなくなってしまい非常に残念だが、最近はそれに代わるような、安くて面白い知育玩具がたくさん登場している。

たとえば、福岡県の「イーケイジャパン」が製造販売している「エレキット」という電子工作シリーズだ。ロボット工作からソーラー工作、簡単な音楽作曲を通じてプログラミングの基礎が学べるオモチャまであり、大人もハマるほどクオリティが高い。

先日「水圧式のロボットアーム」を売っていたので、早速購入して作ってみたのだが、じつに素晴らしいキットだった。これを一つ組み立てるだけで、子供は、油圧や多軸機構の仕組みを体感的に理解できるであろう。親は子供に「ロボットとは、この多軸機構をコンピュータで制御することなのだ」と教えてあげるだけでいい。しかも、こんなに教育効果が高い電子オモチャが5000円以下で手に入るのは安すぎる。

このようなガジェットを紹介すると、「子供のオモチャに、そんな額は出せない」と言うかもしれないが、あなたも、1回の飲み会で5000円ぐらいは惜しみなく使っているではないか。あなたの飲み会よりもはるかに意味のある体験なのだから、その飲み代を子供の電子工作に回したほうがよほど有意義だ。

「作ったあとに置く場所がない」と言うなら、それこそ作ったら捨ててしまえばいい。「捨てると言うと、子供が嫌がる」と親は思うかもしれないが、最初から「捨ててもいいなら買ってあげる」と言えば、子供もあきらめがつく。1つや2つは名残惜《なごり》しく残しておくかもしれないが、そこにこそ、好きなことや才能のヒントが隠れているかもしれない。

子供に必要なのは、「体験を捨てる」こと

オモチャだけでなく、習い事やアクティビティも、お金を惜しまず挑戦させてあげるべきだ。

スキューバダイビングや乗馬、ピアノ、空手など、興味のあるなしにかかわらず、一度は体験させてみよう。好きなことや才能が見つかるだけでなく、人生に役立つことを学べることもある。

たとえば、スキューバダイビングをすると、深い海に落ちたとしてもあわてることが

なくなる。深く沈んでも上を見て呼吸をしていれば、人間の体は浮くことを理解できるからだ。また、ゴーグルを外す練習もするので、ゴーグルをしていなくてもパニックを起こさなくて済む。

泳ぎは得意でも意外に溺れる人が多いのは、沈む練習をしていないからだ。その意味では、将来役に立つのはスイミングスクールより、じつはスキューバダイビング講習かもしれない。

私も、娘にはどれだけ習い事やアクティビティをやらせたのかわからない。ほぼすべてやめているが、それで良いと思っている。きっと何かにつながっているはずだ。

仮に、子供が何かに打ち込んでいたとしても、親はその他のこともいろいろ体験させてあげたほうがいい。子供は親に気を遣うので、親の顔色をうかがいながら楽しくないことでも「楽しい」と言うことがあるからだ。

キャンプなどはその典型で、子供は楽しそうにしているように見えて、親が喜んだり、張り切ったりしているから、合わせてくれている可能性が高い。だからといって、がっかりしなくていい。

子供にとって最も大事なのは、「体験を捨てる」こと。

親の要望や期待はできるだけ排して、いろいろな体験をさせてあげる。その結果、大部分は捨てる体験になるかもしれないが、無理せず自然に楽しめるものを一つでも見つけられたらしめたものだろう。

お墓は要らない

人生も終盤に差しかかると、お墓を買おうと考えている人もいるだろう。

しかし私は、高いお金を出してお墓を買うのはバカらしいと思っている。立派な墓を買ったところで何も生み出さないし、残された家族も喜ばないからだ。

お墓は、お寺の中の納骨堂で十分だと思う。

安上がりだし、管理のコストも少ない。私の母が亡くなったのだが、父も「墓なんて要らない」と言うので、コンクリートでできた納骨堂に入れてもらうことにした。

わが家は、もはや納骨堂すら要らないんじゃないか、と言っている。焼いた骨をそのままその辺にしまっておけば良いと考えているが、さすがに娘が気味悪がるかもしれないので、おそらく納骨堂に入ることになるだろう。

少なくとも、豪華な葬式をすることは確実にない。そこも妻と意見が一致している。盛大な葬式をしてほしいとも思わないし、大規模な式をあげればさまざまな人を呼ぶことになる。何年も会ってない間柄だったら、呼ばれたほうも迷惑だろう。

それでも、どうしても私が死んだあと、何かの式を開くというなら、会費制のお別れの会でも開いてもらえばいいと思っている。

北海道では、結婚式は会費制である。新郎新婦が座るひな壇のすぐ傍《そば》に両家のテーブルがあり、会を主催する友人は最後方。一般的な披露宴とは真逆の形式である。若者がプロデュースするから、洒落が利いていて会のクオリティも高い。儲けというか余剰金が出る結婚式も少なくない。

葬式も同じように会費制にすれば、高額な香典を包まなくて済む。湿っぽいものではなく、来てくれた人同士が仕事の情報交換でもしてくれれば、それでいい。

要は、残された人に迷惑をかけないことが、大事だと思うのだ。

デジタル遺品は家族限定のクラウド化に

遺された家族にとって、遺品処理も悩みの種だろう。故人の思い入れが強いものほど、遺族は捨てにくいものだ。

もし私が亡くなれば、プラモデルや時計などが残る。娘にとってガラクタそのもので、迷惑をかけるだろう。

「発《た》つ鳥跡を濁さず」である。元気なうちに、「処分してほしい」と家族に捨てる意志をはっきり伝えておくべきだ。

それでも捨てられないものがある。写真アルバムだ。

家族の思い出が詰まった写真を処分するのは、さすがに後ろめたいと考える人は多い。だが、遺すとなると押入れのスペースを無駄に占拠するわりに、ろくに見ることもないので、やはり扱いに困る。

そこで、アルバムの写真は、家族だけが閲覧できるようにクラウド化するのが望ましい。いまは写真を家族間で共有できるアプリもあるから、ふと亡き人を思い出したとき気軽に眺めることもできよう。

注意すべきなのが、第三者に公開しないこと。自分が死んだあとのことを考えるならば、お墓や葬式のことよりも、ＳＮＳの整理を優先したほうがいい。

死後も履歴が残っていると、自分の死を知らない人が脳天気に「誕生日おめでとう！」とコメントしてきたり、いたずらされたりして、どんどん荒れていく。削除するか、そのまま残すかは、残された遺族は判断しにくいので、自分で決めるべきだ。

洋服は1年経ったら旅行先で捨てる

ここまで不要なモノについて話してきたが、それでも、やっぱりモノが捨てられないと言う人も多いだろう。そういう人がモノを捨てられるようになるためには、何らかの強制力が働く仕組みをつくることが必要だ。

年に1回、捨てる日を決めても良いし、強制的に捨てるルールを設けておくのも良い。

私の場合は、洋服は1年着たら捨てると決めている。冬に着るユニクロのセーターは毎シーズン5枚、ユナイテッドアスレのTシャツは1シーズン10枚買い、1シーズンで使い捨てだ。セーターはもったいないと思うかもしれないが、ユニクロのセーターを、何回かクリーニングに出していたら、買った値段よりクリーニング代のほうが高くなりかねない。

クリーニングに出せば生地が傷むことも考えたら、1シーズンで5回ぐらい着たら捨てると割り切ったほうがいい。「まだ着られる」などと言って迷うことはないし、毛玉が出る前に捨てれば、清潔感も保てる。毎シーズン新品のセーターを着ていると、不思議と洗練した見た目も保てるので、いいことずくめだ。

下着と靴下は、ユニクロか「無印良品」で30枚くらい買って、ある程度使い込んだらスーツケースに放り込んでおく。そして、長期旅行で毎日ガンガン捨てていく。一度、海外旅行から帰ってきたら下着が一枚もなく、帰国して早々にパンツを買いに行った間抜けな失敗もあったが、新品を買い忘れさえしなければ、良い仕組みだろう。

物を捨てるときは、人を呼べ

しかし、そうしたルールを決めても、実際にはルールを破ってしまうことが多いかもしれない。いざ捨てるとなると、名残惜しくなるのは、私も理解できる。

一応、何年かに1回、まとめて捨てるようにはしているのだが、ガジェットの山のなかに座り込んでしまうとなかなか作業が進まない。昔作った模型やゲーム機などは使わないのになぜか愛着を感じたりする。ケーブル1本にしても、「このケーブル、初めて買ったアンプ用のケーブルで、絶対使わないけど、1本2万4000円するんだよな」などと理由をつけて、捨てられなくなるのだ。

そこで、私の場合は、誰か手伝ってくれる人を呼ぶようにしている。

すると、捨てようか残そうかと逡巡していた「宝物」に対して、十中八九、ゴミ認定が下される。不思議なもので、他人から「私なら捨てます」「値打ちがない」とボロクソに言われれば、「もういいや」と踏ん切りがついて簡単に捨てられるようになる。

私は、自分の秘書を呼んでいるが、友人でも親族でも誰でもいいだろう。要は、第三者の視点が入ることが必要なのだ。

作業のコツは、仕事モードに切り替えること。そのためには、目の前の「ガラクタ」がお金になると思い込めばいい。「メルカリで売って、売れたら山分けにしよう」と提案すれば、手伝いに来た人も、捨てることを後押ししてくれるだろう。

メルカリも、自分で売らず、誰かに任せることだ。すぐに売って、引き取り先が見つかれば、後ろめたさが消える。たとえ10円でもいいから誰かに渡れば、モノが成仏する気分になるはずだ。

第5章　捨てるもの&やることリスト

「こだわりを捨てれば、定年後が俄然ときめく」

- □洋服の定番コーディネートを決めておく
- □1週間の食事ローテーションを守る
- □シンドイと思うなら、自炊はしない
- □礼服はレンタルで済ます
- □子供には塾へ通わせずに、たくさん体験をさせる
- □いまのうちに、遺品整理（とくにデジタル関係）を済ましておく
- □知り合いを呼び、家の中のガラクタを整理して、メルカリで売る

第6章

「情報」は極限まで絞れ！

――周囲と差がつく驚異の「アウトプット法」

膨大なインプットを捨て、アウトプットにシフトせよ

日本のビジネスパーソンは、あまりにも情報をインプットしすぎている。いますぐインプットを最小限に減らしたほうがいい——。

最終章で述べる「情報」に関して、まず指摘しておきたいのは、そのことだ。

あなたも、自分の一日を振り返ってみてほしい。

以下の行動のうち、いくつ当てはまるだろうか。

●通勤途中や昼食時のスキマ時間に、スマホのニュースアプリで、時事ニュースやビジネスニュースをチェック。わからない言葉は速攻でググる。

●ビジネスパーソンのたしなみとして、毎朝、『日本経済新聞』に目を通す。『日経MJ』や『日経産業新聞』、地方紙まで読むこともある。

●毎日、フェイスブックやツイッターなどのSNSをチェック。影響力のある識

者、有名人の意見をピックする。
●話題になっているビジネス書は、すかさずキンドルで買って、読んでおく。
●『ワールドビジネスサテライト』や『カンブリア宮殿』『ガイアの夜明け』といった経済番組も欠かさず押さえる。

すべて当てはまった読者も少なくないだろう。

勉強熱心なのは悪いことではない。それでも、「そんなにインプットしなくてもいいのではないか」と指摘したくなる。その大半の人が、膨大なインプットをしているわりに、アウトプットをほとんどしていないと感じるからだ。あるいは、アウトプットしていたとしても、それをビジネスにうまく結びつけられていないと思うのである。

本来、インプットはアウトプットして、生産性を高めたり、イノベーションを起こしたりするために行なうものである。

しかし、インプットはそれ自体が目的になりがちだ。仕事に活かすために、ニュースアプリや『日経新聞』でニュースをチェックしたり、ビジネス書を読んだりしているはずが、気づけば、その情報収集をすることで満足してしまうのである。

インプットの厄介なところは、即効性があるものもあれば、「のちのち効いてくる」遅効性のもののもあることである。そのため、無意味なインプットをしていても、「自分の糧になる」と言いわけしやすく、ダラダラと継続してしまう。勉強好きな人やマジメな人ほど陥りがちだが、はっきり言って、時間のムダである。

「そんなにインプットしていない」と自覚する人でも、SNSやニュースアプリを無意識に見ていることで、じつは一日何時間もインプットしているのだ。iPhoneを使っている人なら、一日の使用時間が自動的に表示される。一度チェックしてみてほしい。「そんなに使っているのか!?」と驚くはずである。

日々のアウトプットが千載一遇のチャンスを呼び込む

それだけ膨大な時間をインプットに費やしているなら、その時間を、もっとアウトプットに振り向けるべきだ。拙著『黄金のアウトプット術』（ポプラ新書）にも書いたが、今後、ビジネスの世界で生き残っていきたいなら、周囲から一目置かれるようなアウトプットが不可欠だ。

一口にアウトプットと言っても、「新事業を立ち上げる」とか「画期的な商品を生み出す」とか、そこまで大がかりなアウトプットでなくて構わない。「面白い発想をもっている」「ほかの人とは一味違うものの見方をしている」など、その人なりの思考がわかることをSNSで発信すればOKだ。

なぜそうしたアウトプットが必要かと言えば、そうしないとほかの人から見出してもらえるチャンスを失ってしまうからだ。

最近は、SNSで自分の考え方や個性をアピールしている人がたくさんいる。20代だとそれが当たり前だし、30代でも40代でもいくらでもいる。ツイッターやフェイスブックなどの書き込みを見れば、その人が何を考えて、どんなものの見方をしているのかが一目瞭然だ。

さて、そんな環境のなかで、もし新しいプロジェクトなどを始めるにあたり、社外の人を集めるとしたら、誰を選ぶだろうか。公募をかけたとしても、ネット上でさまざまな発信をしていて、素性《すじょう》がわかる人を選ぶ可能性が高いのではないだろうか。

ネット上でアウトプットをしていれば、有望な人材を探している人の目に留まることもある。私が主宰している書評サイト「HONZ」がまさにその例だ。当初、HONZではレビュアーを募集していたが、ここ最近の採用は「一本釣り」である。ブログなどで面白い書評を書いている人を発掘し、こちらからレビュアーにならないかと誘っているのだ。

良い人材を発掘しようとしているのは、HONZに限った話ではないだろう。コツコツと面白いアウトプットをしていれば、チャンスが向こうからやってくるのである。

「大衆が発信するネタ」は絶対に取り上げるな

もっとも、「アウトプットの必要性はわかった。けど、どうすれば、一目置かれるようなアウトプットができるかわからない……」と悩んでしまう人もいるだろう。

発信する内容は自由であり、ビジネスに限らず、趣味についてでも構わないが、絶対に避けたほうがいいテーマがある。

大衆が取り上げそうなネタだ。

たとえば、2019年で言えば、「年号が『令和』に変わった」という一連のニュースは、多くの人がSNS上でこぞって取り上げていた。

しかし、私もフェイスブックでさまざまなことを発信しているが、令和ネタはいっさい発信しなかった。他人とは一味違う観点で発信できる気がしなかったからだ。前項で述べたように、一目置かれるようなことを発信しないと、意味がないのである。

ありがちなのは、経済や政治関連の出来事の是非をあれこれ論じる人。これもやめたほうがいい。自分はいかに賢いかを誇示しようとしているのだろうが、残念ながら、周囲はそうは見てくれないからだ。

たとえば、日産自動車のカルロス・ゴーンが逮捕されたとき、「ゴーンは悪名高い経営者だった」「一連の顚末は、検察の〝ファッショ〟だ」と、何百万人の人びとが偉そうに、〝俺だけが知っている〟モードであれこれ論じていたが、正しいか悪いかについては、よほど影響力のある人物が話さないと、大衆の意見の域を出ないのである。

そういう経済・政治ネタを取り上げるなら、人とまったく違った観点で取り上げないといけない。じつは、私もゴーンの話は取り上げたのだが、善悪についていっさい論じなかった。ただ一言、「ゴーンは役者みたいになってきたね」と顔つきの変化にだけ触れておいた。

そのように、大衆的なネタを避けてアウトプットをしていると、SNSのフォロワーから、「あの人の言うことは、ほかとは視点が違っていて面白い」と見られるようになる。たったこれだけで、SNS上では、凡人の領域から一歩抜け出た存在になれるだろう。

フェイスブックは毎日更新しなくてもいい

もちろん、他人がやらないアウトプットを継続するのはラクではない。

私も、フェイスブックで発信するときには、「人と違う見方」を意識するし、自分のアイデアが誰にどの程度受け入れられるかを日々試しながら、次作の企画のテストマーケティングをしている。

したがってフェイスブックへの投稿は、つねに真剣勝負だ。誰でも思いつきそうだが誰も考えてこなかったことや、誰でも知っているようで意外にホントのところは知られていないことをひねり出すように投稿するのは、これだけ本を出している私にとってもけっこう大変なのだ。

フォロワーの方はご存じだろうが、じつは、私はフェイスブックには週3、4回しかアクセスしていない。

ネタを考える時間がどうしても必要なのだ。また、一度ゾーンに入ってしまえば大衆の視点とは違う視点の記事が一気に3つほど思いつくのだが、ゾーンに入らないと一向に思いつかない。だから、多くても2、3日に1回程度の投稿が限界なのである。「SNSには毎日投稿することが必要」「ツイッターなら一日に数回投稿するべし」といったことがよく言われるが、私は無理してやる必要はないと考えている。たくさん投稿しようとすると、どうしても平凡なネタを投稿せざるをえなくなる。投稿するほど平凡な人に見えてしまうぐらいなら、思い切って頻度を減らすべきだ。

発信頻度の低さは、その他の工夫でカバーすればいい。

たとえば、フェイスブックなら文章は長めに書くこと。すると、投稿画面に「もっと読む」という表示が出てくるようになる。その表示をクリックしてもらったり、「いいね」をもらったりすると、フェイスブックのアルゴリズムにより、フォロワーのタイムラインの上位に記事が掲載される仕組みになっている。

この機能を有効活用すれば、「記事の質も高く、読み応えのある投稿を書く人だ」という認識がフォロワーに植えつけられるはずである。

読まれる文章は「最初の1行」で決まる

文章のうまさも、ある程度は必要だ。しかし、それにはトライ&エラーしかない。

ありがたいことに、「フェイスブックの投稿、毎回読ませますね」、と筆力を褒められることは少なくない。そして全員から必ずコツを聞かれる。

期待を裏切るようだが、コツはない。ともかく最初の1行を書き始めるのだ。全体の構成やら落とし所を考えないほうがいい、いい感じの文章になると思っている。

私が大好きな作家、警察・検察小説の名手である柚月裕子さんが、同分野の大家である今野敏《びん》さんに言われたことに似ている。すなわち、ストーリーやトリックを最初から考えないで書いたほうが、書き手にとっても驚きがあるゆえに、読者は当然驚くというのだ。エッセイでも同様だろう。

ただし、私の場合、フェイスブックに投稿してからも、平均5回以上書き直している。本職の作家ならさらに推敲を重ねているだろう。文章は書いて、直しての繰り返し。訓練しかない。

要するに、とりあえず書いてみて、見直す。それを繰り返しアップデートしていく。成功するスタートアップのフローによく似ている。

「まずはやってみる。そして、延々と飽きずに見直す」

これは文章だけじゃなく、仕事や人生などすべてに通じるコツなのかもしれない。

「テレビはオワコン」と言うヤツこそ終わっている

一目置かれるようなアウトプットをし続けるには、面白いネタを継続的にインプットし続ける必要もある。ただ、本章の冒頭で述べたように、日本のビジネスパーソンはインプット過剰だ。なんでもかんでも見たり読んだりしていたら、膨大な時間を費やしてしまう。

そこで、いい加減でくだらない情報の多い情報源を思い切って捨てて、良質な情報源に絞ることが重要だ。

では、何に絞れば良いか。

かつてＩＴ企業の社長を務め、書評サイトを主宰しているという私の経歴から考えると、インターネットサイトか本をすすめそうだが、そのどちらでもない。

おすすめは、ズバリ「テレビ」だ。

私自身、書評を書くために多くの本も読むし、ネットでニュースをチェックすることもあるが、その時間よりも、テレビを見ている時間のほうがはるかに長い。どんなに忙しくても最低3時間は見ているし、家にいるときは午後はテレビをつけっぱなしだ。

こう言うと、「え、テレビなんてオワコンじゃないですか」「テレビは情報弱者が見るもの。くだらないので見ていません」などと言う人が必ずいる。

実際に何が放送されているかを知りもせず、適当な発言は慎んでもらいたい。テレビは、素晴らしい番組が山ほどある、最強の情報源だ。それを知らないヤツこそ、完全に情弱だ。

なぜそこまで言えるのか。

ネットにはたくさんの情報が流れているが、その多くは調査がいい加減で信憑性《しんぴょうせい》に欠ける。最近のウェブメディアは、雑誌記事の転載や、本の抜粋を記事っぽく編集して配信するケースをよく見かける。インタビュー記事は、記者やライターの質が低く、裏も取らずに思い込みでデタラメに書いたものだらけだ。

それに対し、良質なテレビ番組の特徴は、とにかく綿密に調べ上げている。それだけに、ネットだけでなく、本よりも深い情報が得られることが多いし、信憑性も高い。

公共の電波を使ってフェイクニュースを流したら、バレたときのダメージが大きすぎるので、良い番組は、絶対に裏を取っている。収録してから放送するまでの期間も短いので、情報の鮮度もじつは高い。

ネットで面白い記事も、よく見るとテレビがネタ元だったりする。それなら、初めからテレビを見たほうが効率的だというわけだ。

BS各局の名物番組は「記録映像の宝庫」

具体的には、どんなTV番組を見ているのか。

とにかく大量に見ているのは、NHK総合とBSプレミアムだ。

『NHKスペシャル』を始めとしたドキュメンタリー番組はすべて見ているし、『サイエンスZERO』のようなサイエンスものも軒並みチェックする。

それから、歴史もの。歴史学者の磯田道史《みちふみ》が司会をしていて、歴史上の英雄たちが下してきた「選択」にスポットを当てる『英雄たちの選択』や、古代から現代まで幅広く取り上げる『歴史秘話ヒストリア』など、良い番組が多いので、こちらも幅広く見ている。

あとは、『ブラタモリ』など、優秀な紀行番組も見逃せない。

この2チャンネルに関しては、単発の好企画も多いので、24時間2カ月分をすべて録画しているほどだ。

NHKだけでなく、他局にも質の高い番組がいくつかある。

とりわけオススメなのは、BS朝日の『町山智浩のアメリカの今を知るTV』だ。カリフォルニア在住の映画評論家である町山智浩が、CNNのレポート映像をふんだんに使って、アメリカ社会で起こっていることを取り上げる番組だ。

そもそも、この類の現場報道はNHKが得意だった。しかし、その雄の『NHKスペシャル』は最近、後世に残る映像作品作りに傾倒しており、現場報道は異常に劣化している。もはや『町山智浩のアメリカの今を知るTV』のほうが、日本最高の現地取材を敢行する報道番組ではあるまいか。

先日見た回は、アメリカとメキシコの国境に位置する街の取材だった。

アメリカ側に作られた壁がじつは私有地内にあり、そのあいだを堂々と道が貫通していて、まあ無意味なこと。国境を越えて不法侵入するメキシコ人がアメリカに住もうなんて、微塵《みじん》も思っていないこと。アメリカ生まれのMS-13というとんでもないギャングが故郷のエルサルバドルに戻されて、「エルサルバドル難民」を生み出していること……。

衝撃の事実が次々と明らかになる。もう目からウロコがボロボロと落ちた。

この番組を見ずしてアメリカを語ってはいけないと思う。新聞や雑誌はもちろん、ネットも追いつけないコンテンツ、「本気を出したらテレビはスゴい」ということを見せつけられる番組だ。

では、日本が世界に誇ることができるTV番組を1つだけ選べと言われたら、迷わずBS-TBSの『SONG TO SOUL』だと断言する。未来永劫残る唯一の作品かもしれない。これまで放送された130回以上のうち80回ほどは見たあとも保存している。

20世紀後半の音楽を毎回1曲だけ選び出して深掘りするこの番組は、作品が作られた経緯や、作品に携わったミュージシャンの心象風景、音楽的要素まで描き出す。たとえばラリー・カールトンの回では、本人と当時アルバムのレコーディングに参加したミュージシャンが総登場して、ある曲が作られた経緯や音楽そのものについて語る。HDDレコーダーに録画しておくべき番組として、とにかくオススメしたい。本では絶対に実現不可能な本格ノンフィクションであり、現代史が織りなす壮大な記録映像である。

BS日テレの『ぶらぶら美術・博物館』も面白い。山田五郎や芸人のおぎやはぎが、日本の美術館や博物館をぶらぶら歩いて、企画展を案内してくれる。古今東西の名画や文化財などのエピソードを教えてくれて、自宅にいながら巡った気にさせてくれる。

何を見るか迷ったら、『町山智浩のアメリカの今を知るTV』『SONG TO SOUL』『ぶらぶら美術・博物館』の3番組を強くおすすめする。

定年を迎えたら高田純次を見習え

民放の地上波の番組も、ネットにない〝良ネタ〟が拾える。

たとえば、第4章で「新築マンションの検索トレンドワードが、『徒歩8分』から『徒歩7分』になった」という話をした。これはテレビから得た情報である。しかも、全国ネットでやっているテレビ朝日の『羽鳥慎一モーニングショー』だ。

3日に1つぐらい面白そうな特集が放送されると、フェイスブックに書く。「そんな特ダネをよく見つけましたね」「情報ルートを知りたいです！」と賞賛コメントが書き込まれるのだが、誰もが手に入るネタだ。朝8時からやっている番組なので、多くのビジネスパーソンも雑誌の記者も編集者も見ていない。だから、意外と穴場なのだ。

というわけで、『羽鳥慎一モーニングショー』は毎日リアルタイムで見ているのだが、その流れで、『じゅん散歩』も欠かさず見ている。

見るべきは、何もかもいい加減な高田純次だ。よくもあそこまででたらめなことが次から次へと出てくるものだ。もう天才としか思えない。芸人顔負けのリアクションと瞬発力、それでいて品がある。定年を迎えたオジサマたちは素直に、高田純次の芸風を見習うべきだ。

録画した番組を1・3倍速で見る

これだけの量のTV番組を見ている人は、テレビ関係者でも少ないらしい。

先日、NHKの全幹部社員研修で講演したのだが、NHKの視聴習慣を力説したところ、聴講していたプロデューサーが「そこまで見ている人は、うちの局にもいませんよ」とあっけにとられていた。

褒められたのか、バカにされているのか、よくわからないが、テレビを見るのは時間がかかることは確かだ。

できるだけ効率良く見るにはコツがある。

まず、リアルタイムではなく、録画で見ること。そうすれば、1・3倍速で見られるので相当な数の番組を短時間でチェックできる。

また、NHKのBSプレミアムと総合放送を24時間、2カ月分録画してあることはすでに述べたが、そうした「全録」ができるHDDレコーダーは欠かせない。持っていない人は必要投資だと思って購入すべきだ。

HDDレコーダーを買うときは、録画番組をいつでもどこでもスマホで見られる機能があるものを選ぶと超便利だ。

私はパナソニックのHDDレコーダーを使っているのだが、「どこでもディーガ」というアプリを使って、外出先から自宅のHDDレコーダーにアクセスし、録画した番組を見ている。このアプリを使うと、さらに多くの番組をチェックしやすくなるので、おすすめだ。

興味のある分野なら無限にインプットできる

このように、私は、歴史や街歩き、音楽などのテレビ番組を好んで見ている。

「成毛さんならネタになるかもしれないけど、私たちにはネタになりにくい。ビジネスに関する番組を中心に見るべきではないか？」

という指摘もあるだろう。

なにも私と一緒の番組を見る必要はない。テレビ東京の『ワールドビジネスサテライト』『ガイアの夜明け』『カンブリア宮殿』、ＴＢＳの『がっちりマンデー!!』など、ビジネスに直結しそうな番組を見るのもアリだ。

しかし、一つ頭に入れておいたほうが良いのは、ビジネスに関する番組は、ほかの人も見ているということだ。そのネタから、一目置かれるようなアウトプットをするのは、なかなか難易度が高い。

そもそもアウトプットは、ビジネスに関係することでなくていい。要は面白いヤツだと思わせられればいいので、分野はなんでも良いのだ。

そう考えれば、見るべき番組は、自分の興味のある分野の番組である。

興味のないものをいくら見ても頭に入ってこないが、興味のあるものは、子供が恐竜の名前を簡単に覚えてしまうように無限にインプットできる。苦もなく見続けられるので、ネタも見つけやすいというわけだ。

ベストセラーは読まない

というわけで、最近、バカみたいにハマっているのが、警察小説だ。

自宅では、スマホのキンドルアプリで警察小説を読みながら、横で『ブラタモリ』を見ていたりするから、第三者が見たら、「この人は何をしている人だろう?」「成毛さん、引退したんだね」と思うだろう。

でも、興味のあることを突き詰めていけば、必ず何らかのネタになる。警察小説も100冊読了したら、確実に何かしらのビジネスにつながるはずだ。

実際100冊を超えたので、「読んだよ」と威張っていたら、警察小説家の佐々木譲《じょう》さんや久坂部《くさかべ》羊《よう》さんから「いま、何が面白い?」などと聞かれるようになった。小説家は、部屋にこもって書いている時間が長いので、ほかの人の小説を読みたくても読むヒマがない。編集者も忙しいから、読書に時間をかけられない。だから、警察小説を愛読する私に尋ねるというわけだ。

さらに徹底的に読み込めば、書評やテレビコメンテーターなどの仕事にもつながってくるだろう。

ちなみに、私のように書評をルーティンワークにしている人は、電子書籍ではなく紙の本を読むべきだ。付箋を貼ったり、ポイントを書き込んでいくので、電子書籍だと作業効率が悪い。同じ作業をしても紙の本のほうがサッとできて、読書そのものに集中できる。


興味がある分野なら、いくらでも深掘りできて、アウトプットの糧にすることができる。逆に言うと、自分の興味のないことは、たとえ流行だろうがなんだろうが、情報をインプットする必要はない。私もそれを実践していて、ベストセラーは読まない。みんなが読んでいるものを読んでもネタにならないし、何よりつまらないからだ。

打算的にインプットするより、自分が面白い、楽しいと思うものをインプットしたほうが、間違いなく何かにつながる、と私は考えている。興味もないのに「情報を押さえておく」などというのは、まったくナンセンスである。

スポーツは「音」を楽しむ

スポーツもインプットには最適だ。話のネタになるし、選手の活躍を通して自己成長に役立てる人も多いだろう。

2020東京オリンピックも楽しみにしている。だが、日本人がメダルを獲得しそうな競技や、世界的なスター選手が出場する競技にはまったく興味が湧かない。水泳や野球などの人気競技も、高額のチケットを手に入れてまで観戦したいとは思わない。

そんな私が注目しているのは、「音」が楽しめる競技だ。

たとえば、「クレー射撃」。

ハワイの射撃場で、散弾銃を撃ったとき、ピストルの100倍もの銃声に、「爆発したのか」と腰を抜かしたほどだ。独特の緊張感のなか、一流のアスリートによる銃声音を全身で感じたい。通常行なわれる大会に足を運ぼうとまでは思わないが、オリンピックのような大舞台だったら重い腰を上げやすいのではないだろうか。

音を聞くなら、「ゴルフ」もいいだろう。

ゴルフを趣味にしている人なら、トップゴルファーの打球音を一度は聞くべきだ。ドライバーなどは、ドカーンと打球音がしたあと、シュシュシュシューという音を立てながらボールが飛んでいく。接待ゴルフでは絶対に味わえない大迫力である。

オリンピックではないが、自転車のロードレースも、音がすごいらしい。毎年「ツール・ド・フランス」を観戦している知人が言うには、選手が見えていないのに、遠くのほうから「グーッ」と雷鳴のような音が聞こえてくるそうだ。そして、選手が来たと思ったら、目の前をバーンと過ぎ去っていく。選手が駆け抜けた際の風を感じるのが、自転車競技観戦の醍醐味だという。

バレーボールのスパイクや、テニスのサービスショットも「ハンパない」音を響かせるだろう。そんなふうに、「音のするスポーツだけ」を突き詰めていけば、誰もが耳を傾けたくなる価値あるネタになる。

音の迫力はテレビではまったく伝わらない。会場まで足を運び、間近で生観戦するに限る。クレー射撃などは、サッカーや体操競技に比べてチケットも低価格なので、東京オリンピックの機会を利用してぜひ観ておきたい。

音以外にも、選手のカメラアピールやユニフォームだけに注目するのも面白い。スポーツのインプットは、肩ひじを張らずに「自分が楽しめればいい」くらいのスタンスで行なうのが、ちょうど良いのだ。

つまらないSNSは全部ミュート

SNSはアウトプットする場でもあるが、インプットの場でもある。ホリエモンのような有名人やインフルエンサーの記事を無料で見られるメディアとして、私も活用しているし、皆さんもそうなのではないかと思う。

ただ、フェイスブックの「友達」やツイッターの「フォロー」が増えてくると、つまらない投稿でタイムラインが埋まるようになってくる。それでうっとうしくなって、SNSから離れてしまったという人は、多いのではないだろうか。

友達だろうがなんだろうが、つまらないことを言う人は、どんどん「ミュート(非表示)」することを強くすすめる。

私は、フェイスブックに1500人を超える「友達」がいるが、投稿がつまらない人は、全員即ミュート（フェイスブックの場合は「フェローをやめる」）している。本当は友達関係を解消しても良いぐらいなのだが、メッセンジャーをメインの連絡手段に使っているため、何かと都合が悪い。ミュートがベストなのだ。

娘が賞を獲ったとか、息子が入学したとか、家族関連の投稿をする人はすべてミュートしている。こちらにとってはどうでもいいことであり、それによってタイムラインが見にくく（醜く）なるのが嫌なのだ。仮にその人が「私の投稿、見ましたか？」などと言ってきたとしても、知ったことではない。

一方、「友達」に残すのは、面白いことを言う人と、B級グルメを投稿する人。食べたものをすべてアップするような空気の読めない「食いしん坊」は問答無用でミュートだが、昼食時や深夜の絶妙なタイミングでB級グルメ情報を上げるセンスの持ち主はオンにしている。むしろ、投稿を遡《さかのぼ》ってチェックしてしまう。

高級料理と違いB級グルメは、分け隔てなくあらゆる層からの共感を得やすい。なかなかフォロワーが増えないという人も、B級グルメ情報だけをひたすらアップしてみてはいかがだろうか。

　こうして、自分にとって欲しい情報だけを得られるタイムラインを編成するのが、SNSの魅力だ。気に入らない人をミュートしていくと、同じ思想・志向で偏りやすくなるが、気にする必要はない。SNSぐらい自由にやってもいいだろう。

　ちなみに、私がブログやメールマガジンでは発信せず、フェイスブックにしか投稿していないのは、SNSがメディア化しているからだ。最近は「ｎｏｔｅ」を書く人が増えているようだが、いちいち好みの情報を探しに行くのは面倒くさく、今後、そこまで大きく広がることはないと思う。

　誰もが気軽に見られるメディアに無料で投稿し続けて、アナログの形でマネタイズ（私の場合は書籍化）する。これこそが、令和型のアウトプットだろう。

自分に合った時間にアウトプットする

「捨てる」という本書のテーマから少し外れるが、アウトプットの文章を書くにあたっては、最適な時間帯を意識しておいたほうが良い。時間帯によって文章のノリは変わってくるからだ。

私の場合、書評を書くときは、夜に書くことが多い。

私が書く書評はたいてい、冒頭の3分の1に本とまったく関係ないことを書いたあと、本の内容に入っていき、最後にその2つを結合させる構造にしているので、文章のリズムが良くないと、読者が読みにくくなる。朝に書くと、そのリズム感が悪く、生硬な文章になってしまうのだ。夜、もっと言うと、酒が少し入っているぐらいのほうが、文章にノリが生まれやすい。

では、朝は何をするかというと、注意力が必要な原稿の赤入れや打ち合わせだ。やはり朝は一番理性が働いている時間帯なので、理性や客観性が必要な仕事は朝に限る。

アウトプットを習慣づけていると、外出先などでアイデアを思いつくことがある。また、夜中に突然アイデアを思いつくこともあるかもしれない。

そんなとき、私は、「Ｃａｐｔｉｏ」というアプリを使っている。これは、メモを一瞬でメールアドレスに送れるアプリ。外出先や夜中に思いついたアイデアを書いて

（もしくは音声入力をして）、ポチッとワンクリックすると、それだけで、自分のメールアドレスにメモを送れるのだ。

　すると、たとえば朝一番、頭がクリアになっている状態で、アイデアを膨らませながら具現化できる。アイデアを逃さずにビジネスに活かすテクニックとして、試しに活用してみると良いだろう。

　ちなみに、病院や理容室に行く時間も午前中にしている。医師や理容師も注意力がしっかりある午前中のほうが、安心して任せられるからだ。

　あくまで感覚的なものだが、午後は脳が理性的から感情的なほうに移行していくので、家でテレビを見たり、本を読んだりしている。そして、夜に原稿を書き始めるというわけだ。

　もちろん、これは私の例であり、読者の皆さんは異なるバイオリズムを持っているかもしれない。アウトプットに関しては、予想以上にそれが文章を左右するので、最適な時間帯を意識しておくと良いだろう。

　組織において大事なのは、異なる業種の人材を一律に時間管理しないこと。能力が発揮される時間帯はそれぞれ違う。出勤時間や休憩は個人の裁量に任せるべきだ。

「真似ごと」をやめてクリエイティビティを発揮しろ

アウトプットするときに、私がもう一つ意識していることがある。

それは、できるだけほかの人が書いたものを見ないことだ。

書評を書くときも、自分以外の書評は見ないし、フェイスブックの投稿をするときにも、他人の投稿はほとんど読まない。批判的に読んでも、好意的に読んでも、ほかの人の文章を見てしまうと、どうしても無意識に振り回されるからだ。すると、自分の個性が失われてしまい、文章が一気につまらなくなる。

これは私に限った話ではなく、小説家や画家など、クリエイティブな仕事に関わる人間すべてに言えることではないかと思う。

ビジネスでもそうだ。

日大の非常勤講師をしている民俗学者が、実家のレンコン農家を手伝わなければならなくなり、1本5000円の箱入りレンコンを開発。ニューヨークやパリなど、世界中でバカ売れしているという。一体どうやって5000円のレンコンを作って売ったのかというと、誰かに教えを乞うたのではなく、試行錯誤を繰り返したからだ（野口憲一著『1本5000円のレンコンがバカ売れする理由』新潮新書）。

他の事例を参考にしすぎると、そちらに引っ張られてしまい、斬新な事業ができない。それよりは、思い込みで突っ走っていったほうが、面白い事業ができるし、その事業は発展する。

何事も、駆け出しのうちは先人の真似《まね》をしたり、参考になる事例を勉強したりすることから始まる。しかし、オリジナリティを発揮したいなら、先人の教えや先行事例などを捨て去って、自分一人で考えることが大切なのである。

はじめは不安かもしれないが、勇気をもって、その足かせを脱ぎ捨ててみてほしい。その行動は、自分の足で立って歩くための第一歩となる。自分が依存していたものからの脱却こそが、「捨てる」ことの最大の意義なのだ。

第６章　捨てるもの＆やることリスト

「10のインプットより、1のアウトプットに価値がある」

- □ネットニュースの閲覧時間を半分に減らす
- □SNSを毎日更新しない
- □新聞は読まない
- □上質な情報番組、ドキュメンタリー番組に触れる
- □ヒット商品やトレンドについて、ほかとは違う見方をする
- □SNSで価値のない情報を投稿し続ける友達やフォロワーはミュートする
- □自分が最適と感じる時間帯にアウトプットする
- □成功例を踏襲するのではなく、これまでと違うスタイルで仕事を進めてみる

おわりに

「成毛さん流の〝断捨離〟について書いてください」

編集者からそのようにオーダーされ、過去の消費傾向を振り返ってみた。

本書で紹介したとおりだが、ガラクタばかりをよくこれだけ買い集めたものである。

順調に出世した人は、経済的に余裕ができる。つまり、自由に使えるお金が増える。

アマゾンで一目ぼれした商品だったら、躊躇なく購入ボタンを押す。私やホリエモンはそのタイプだった。値札を見ずに、好きなものを買える幸せというのは、最高の贅沢である。

だが、時代は変わった。

そんな消費感覚を持ち続けていれば、定年を迎えた頃になり、途端に苦しくなる。

なにせ、「2000万円の貯金があっても老後を暮らせない」と言われてしまう世の中である。「贅沢は敵」なのである。

それに、いくら「人生100年時代」と言っても、定年を迎えた初老が、ヴィトンのバッグ片手に、ジャガーを乗り回したり、銀座で飲み歩いていれば、若者から気味悪がられるだけだろう。どんなブランドであろうと、ただ高いだけのものに、いまの若者は価値を見出さない。

人間関係も一緒である。

仕事という名目がなくなると、付き合いの数がガクンと減る。暇になったから、何十年ぶりに昔の友人に連絡を取ったり、同窓会に顔を出したりする人も多いだろう。

しかし、行きたくもない同窓会に見栄をはって出席したところで、あっという間にお金が羽ばたいていき、虚しさだけが残る。

要は、歳をとるほど、背負うモノ、抱えるモノは軽くしたほうが良いということだ。

そこで、捨てることに対してそれなりのポリシーをもっていた私だったが、本書の執筆にあたり、より意識して捨ててみようと思い至った。

サラリーマン時代からのうすーい人間関係、趣味で買い集めたガジェット、ゲーム機（それぞれ段ボール5箱くらい）などなど、バッサリ捨て去った。銀行口座や証券口座の数も絞ったし、ゴルフ会員権も手放した（ゴルフなんてやる暇がない）。

本書には書き切れないほど大量の「人、物、事」を整理したおかげで、身も心も頭の中も、自宅の仕事部屋まで、きれいさっぱりスッキリだ。

そんなわけで、本書の企画を携えて来たPHP研究所の大隅元《げん》副編集長はエライ。先が見えない出版業界だが、どうか匙《さじ》を投げ捨てずに頑張ってほしい。

「捨てる勇気」をもてれば、たいがいのことはうまくいく。あとは行動するだけだ。そこまでいったら、この本も遠慮なく捨てるがよい。